schulmusik plus

Birgit und Peter Boch

Streicher sind klasse

Schule für Streicherklassen
und Gruppenunterricht

ED 20307
ISMN M-001-15042-2

Violoncello

www.schott-music.com

SCHOTT

Mainz · London · Berlin · Madrid · New York · Paris · Prague · Tokyo · Toronto
SCHOTT MUSIC GmbH & Co. KG, Mainz · Printed in Germany

Inhaltsverzeichnis

Vorwort	3
Das Violoncello	4
Leere Saiten zupfen	6
Solmisation – Singen mit Silben	8
Erste Übungen für die rechte Hand	9
Rhythmus und Takt	10
Spielen mit leeren Saiten	13
Melodien greifen – noch gezupft	20
Erstes Konzert	28
Erste Bogenstriche	30
Vorzeichen zum Variieren	32
Streichen und Greifen gleichzeitig	34
Mehr Bogen – mehr Klang	38
Legato	40
Lieder zu Weihnachten	44
Der ganze Bogen und neue Stricharten	46
Tonleitern und mehr	50
Tanz auf den Saiten	56
Terzen und Dreiklänge	58
Lauter und leiser	59
Gleichzeitiges Spielen auf zwei Saiten	62
Portato	63
Griff- und Stricharten in Kombination	64
Kleines Konzert	73
Neue Griffart: Töne mit B	78
Streichquartett	79
Anhang	80

Liebe Streicher!
Dieses Heft soll euch dabei helfen, ein sehr schönes Instrument spielen zu lernen. Ihr werdet merken, dass das Spielen des Instrumentes nicht alles ist, was wir hier zusammen kennenlernen: Wir wollen Musik verstehen, ihre Sprache erlernen, fantasievoll mit ihr umgehen, Musik erfinden und vor allem Spaß daran haben, mit Vielen gemeinsam Musik zu machen. Lasst euch überraschen.
Deine Lehrerin oder Dein Lehrer wird Dir in den Unterrichtsstunden alles erklären und zeigen. In diesem Heft kannst Du vieles nachlesen, Fragen solltest Du immer an Deine Lehrerin oder Deinen Lehrer richten.

Stimmen der Saiten
Im Anfang wird Deine Lehrerin oder Dein Lehrer Dein Cello stimmen. Nach einiger Zeit kannst Du versuchen, die Saiten mit den Feinstimmern selbst zu stimmen. Wenn Du einen Feinstimmer in den Saitenhalter hineindrehst, wird der Ton höher, drehst Du den Feinstimmer heraus, wird der Ton tiefer. Du wirst dann merken: Es ist gar nicht so schwer.

Zubehör
Cellobrettchen gibt es in ganz unterschiedlichen Formen. Sie dienen dazu, dem Stachel des Cellos festen Halt zu geben. Kolophonium ist in Deiner Cellohülle. Es ist sehr zerbrechlich, wenn es fällt oder gegen einen harten Gegenstand stößt. Du brauchst es erst, wenn Du anfängst mit dem Bogen zu streichen.

Pflege und Lagerung des Instruments
Ein Streichinstrument ist aus Holz gebaut und sollte daher möglichst nicht starken Temperaturunterschieden ausgesetzt werden. Stelle Dein Instrument also nicht in der prallen Sonne ab, lasse es weder im Winter noch im heißen Sommer nachts oder tagsüber im Auto. Im Haus sollte es seinen Platz nicht vor einem Heizkörper oder Kamin haben. Auch wenn das Instrument im Kasten oder in der Hülle ist, sollte es nicht geschüttelt oder heftig aufgesetzt werden.
Zum Auspacken stelle das Cello in der Hülle vor Dich. Nimm zuerst den Bogen aus der Hülle und ziehe dann den Reißverschluss so auf, dass er nicht über den Lack des Cellos ratscht. Lege das Cello auf die Zargen (das sind die „Seitenwände des Instruments) links neben Deinen Stuhl. Wische nach jedem Spielen mit einem sauberen weichen Tuch den Kolophoniumstaub von Deinem Instrument.

Das Violoncello – im deutschen Sprachraum auch das Cello

Im deutschen Sprachraum heißt das Violoncello auch Cello. Der Korpus des Cellos besteht aus Boden und Zargen, die aus Ahornholz gefertigt werden und der Decke aus Fichtenholz. Er ist als Verstärker für die von den Saiten erzeugten Töne entscheidend für den Klang des Cellos.

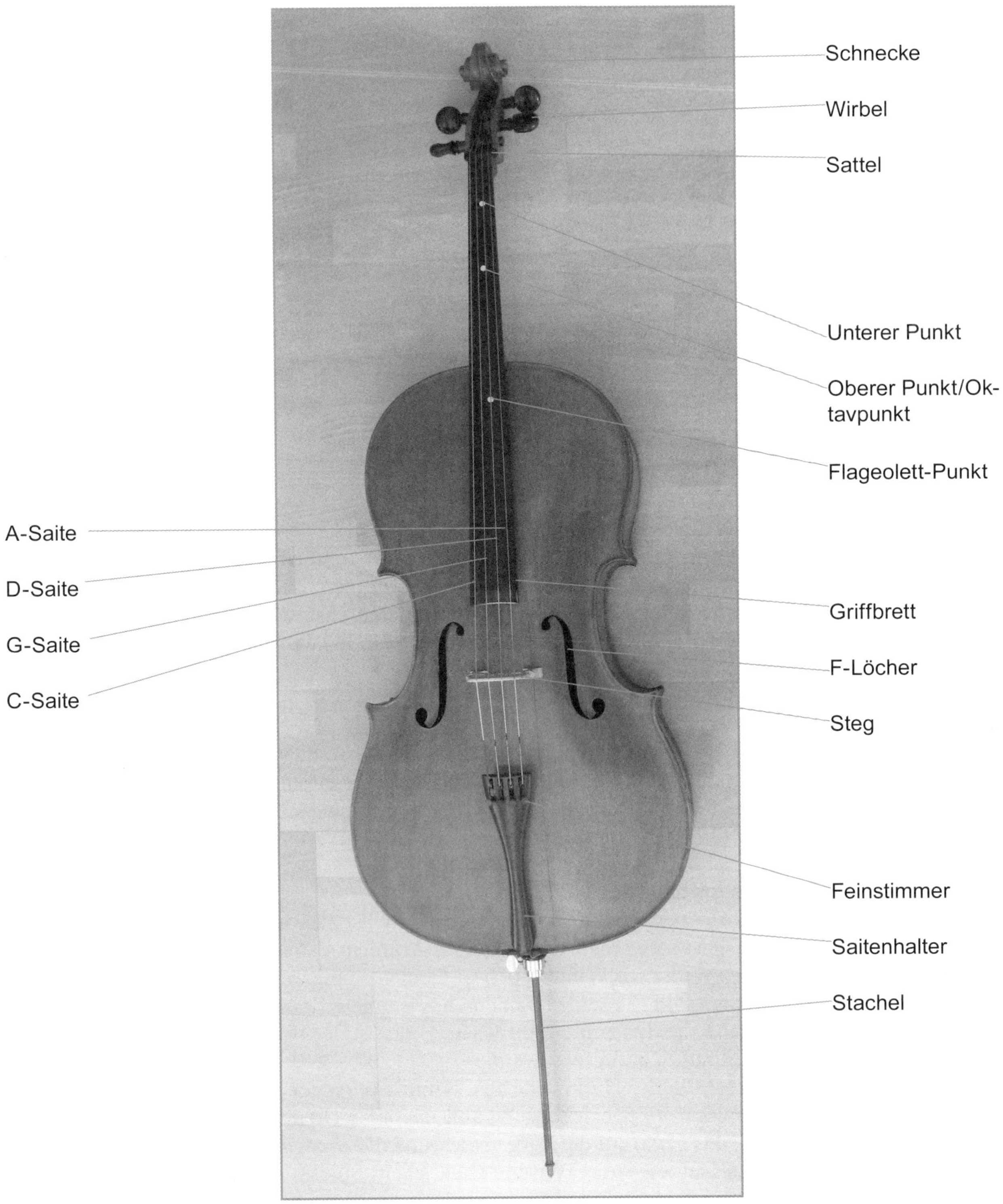

Ein Streichinstrument von innen

Einige wichtige Teile der Streichinstrumente sind von außen nicht zu sehen. Wenn Du durch die F-Löcher schaust, wirst Du sie aber entdecken.
Der Stimmstock steht unter der Decke nahe beim Steg und stützt die Decke gegen den Boden ab. Außerdem überträgt er die Schwingungen der Saiten, die vom Steg auf die Decke übertragen werden, auf den Boden.
Der Bassbalken stabilisiert die Decke unter der tiefsten Saite und überträgt deren Schwingungen über die ganze Länge der Decke.
In vielen Instrumenten findet man eingeklebte Zettel, auf denen steht, wo, wann und von wem das Instrument gebaut worden ist.

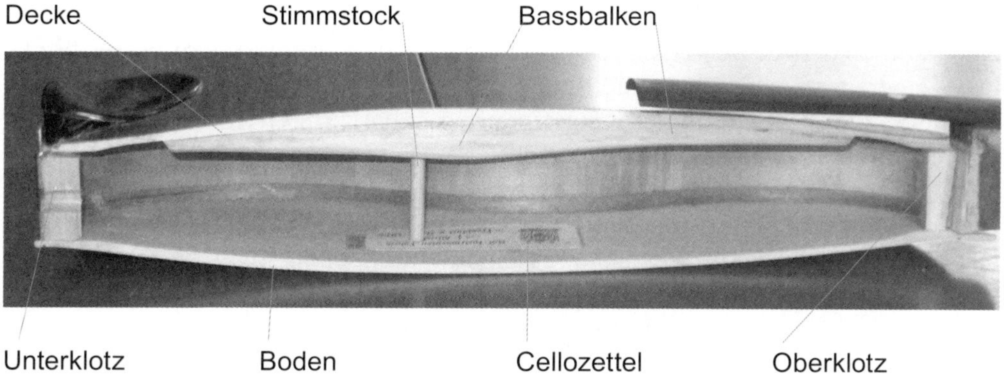

Leere Saiten und Instrumentenhaltung

Für das Cellospielen musst Du das Instrument gut und sicher halten. Für eine gute Haltung ist es wichtig, dass Du vorne auf dem Stuhl sitzt und beide Füße fest auf den Boden stellst. Deine Füße sollten unter den Knien stehen, so dass die Unterschenkel senkrecht stehen.
Achte darauf, dass sich der Hals das Cellos links dicht neben Deinem Hals befindet und der C-Saiten-Wirbel hinter Deinem Kopf ist. Der Korpus des Cellos sollte sich mit dem oberen Zargenrand an Dein Brustbein lehnen, die unteren, hinteren Zargenspitzen berühren leicht die Innenseiten Deiner Knie.
Ein wichtiges Hilfsmittel für eine sichere Haltung des Cellos ist ein Cellobrettchen. Hier gibt es sehr viele verschiedene Möglichkeiten, die dafür sorgen sollen, dass der Stachel festen Halt hat.

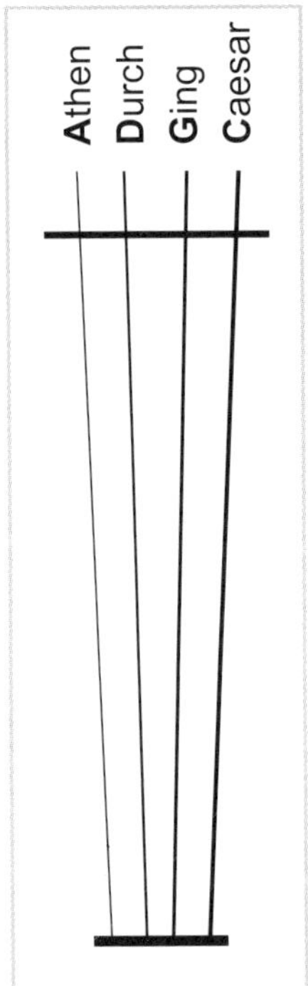

Die Saiten des Cellos haben Namen. Der Spruch „Caesar ging durch Athen“ kann Dir helfen, sie schnell zu behalten.

> ***Pizzicato***
> Klingt irgendwie nach Pizza, kommt auch aus Italien und heißt „die Saite zupfen“.
> In Noten findest Du meistens nur die Abkürzung **pizz**.

Pizzen kannst Du sowohl mit der rechten, als auch mit der linken Hand. Probiere aus, wie die verschiedenen Saiten klingen. Hörst Du einen Unterschied, wenn Du einmal mit dem Zeigefinger der rechten Hand zupfst und dann mit dem kleinen Finger der linken Hand?

Der Daumen der rechten Hand lehnt sich an das Griffbrett kurz vor dessen Ende. Der Zeigerfinger zupft dann die Saiten über dem Griffbrett. Achte darauf, dass Du die Saite mit der Seite des Zeigefingers parallel zum Griffbrett anzupfst. Es entsteht dann ein weicher Ton.

Zupfe folgende Übungen mit dem Zeigefinger der rechten Hand. Achte dabei auf das vorgegebene Tempo. Versuche regelmäßig zu zupfen, so als ob Du mit ruhigen Schritten gehst.

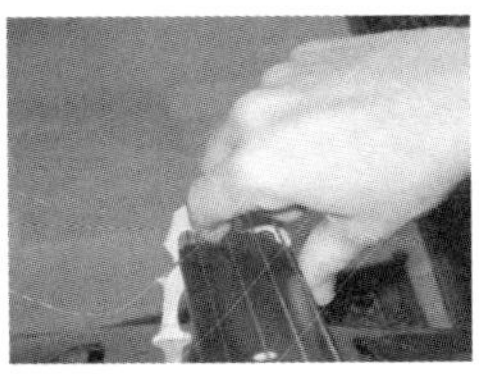

1.

				A	A	A	A			A	A			A	A	
D	D	D	D					D	D			D	D			D

2.

D	D	D	D					D	D			D	D			
				G	G	G	G			G	G			G	G	G

3.

				G	G	G	G			G	G		G		G	
C	C	C	C					C	C			C		C		C

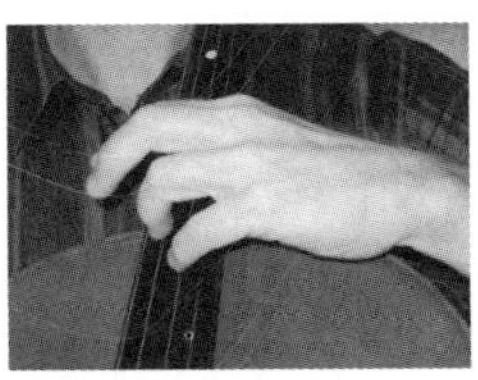

4. Zupfe diese drei Übungen jetzt auch mit dem kleinen Finger der linken Hand. Der kleine Finger zupft über dem Oktavpunkt. Achte darauf, dass die ganze Hand über dem Korpus schwebt und sich nicht an der Zarge aufstützt. Der Daumen liegt am Übergang zwischen Hals und Korpus seitlich am Halsbogen.

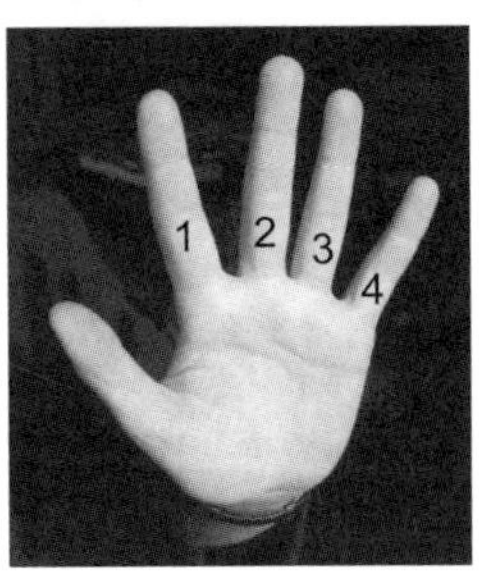

In der folgenden Übung zupfe die G-Saite mit dem Mittelfinger der linken Hand (2), die D-Saite mit dem Ringfinger (3) und die A-Saite mit dem kleinen Finger (4):

								4	4	4	4								
				3	3	3	3	A	A	A	A	3	3	3	3				
2	2	2	2	D	D	D	D					D	D	D	D	2	2	2	2
G	G	G	G													G	G	G	G

Vier Tänze

Streichinstrumente werden sowohl solistisch (d.h. allein mit oder ohne Begleitung) als auch im Orchester gespielt. Das Streichorchester besteht aus Gruppen der vier Streichinstrumente Geige, Bratsche, Cello und Kontrabass, wie Du es aus Deiner Klasse schon kennst.
In den folgenden vier Orchesterstücken wird ein Solist vom Klassenorchester begleitet.

Orientalischer Tanz

Zupfe im Grundschlag auf der D-Saite. Das Tempo wird vorgegeben. Achte darauf, dass Du mit den anderen Spielern des Klassenorchesters zusammen spielst und höre gleichzeitig auf die Solostimme.

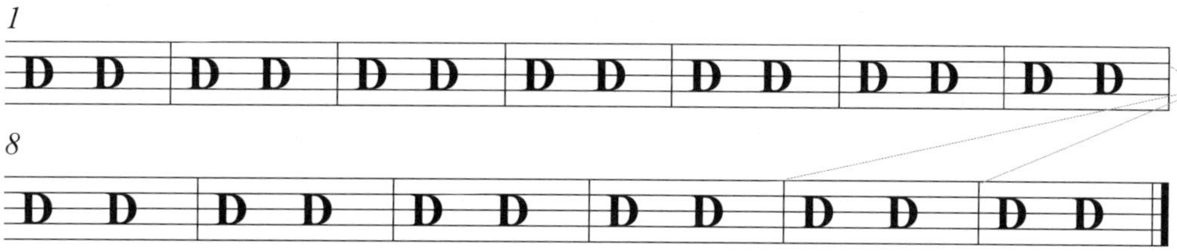

Taktstriche unterteilen eine Melodie in gleichlange Abschnitte.

Chinesischer Tanz

Dieser Tanz ist deutlich langsamer als der orientalische Tanz.
Spiele jetzt auf der A-Saite. (Solostimme ⇨ S. 40).

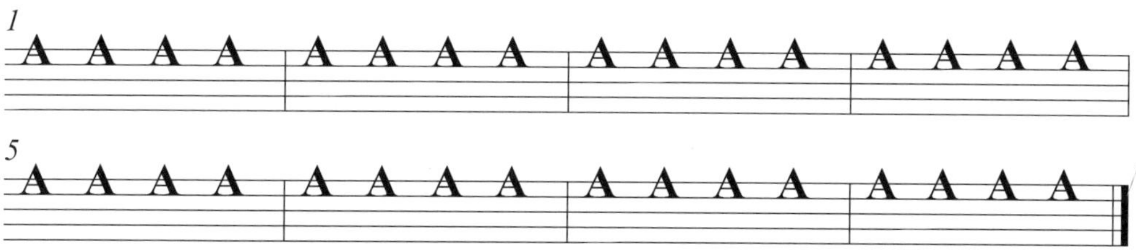

Der ***Doppelstrich*** zeigt das Ende einer Melodie an.

Tanzlied aus dem Mittelalter

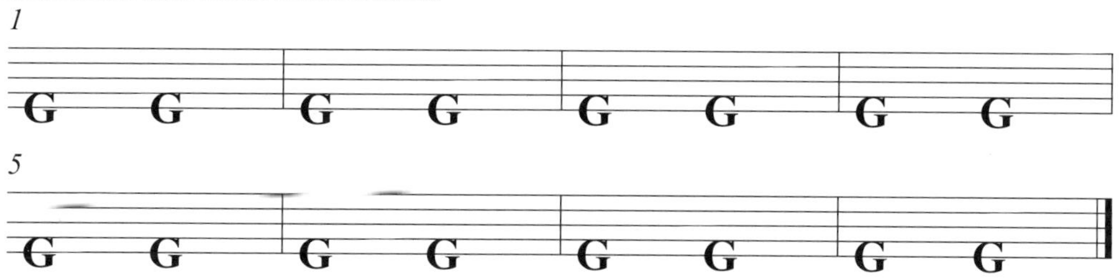

Die ***Taktzahlen*** stehen oft am Anfang jeder Zeile.

Ländlicher Tanz

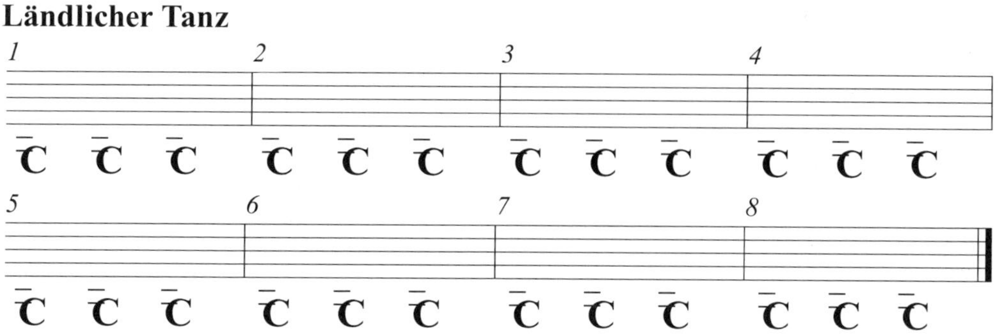

Manchmal erscheinen die Taktzahlen auch fortlaufend an jedem Takt von Anfang bis Ende des Stückes.

Jeder der vier Tänze hat einen eigenen Charakter. Überlege, woran das liegen könnte.

Singen mit Solmisationssilben

Um auf dem Streichinstrument schön spielen zu können, ist es sehr wichtig, dass man sich vorstellen kann, wie die Melodie klingen soll, die man spielen will. Ein Streichinstrument hat weder Tasten wie ein Klavier, eine Orgel oder ein Keyboard noch Löcher, Ventile oder Klappen, wie ein Blasinstrument.
Du musst hören, wo Dein Finger die Saite auf das Griffbrett ziehen muss. (Am Anfang helfen Dir noch die Punkte auf dem Griffbrett, aber sie sind nie ganz genau und bald werden die Punkte auch wieder entfernt.)
Jede Melodie, die Du singen kannst, kennst Du so gut, dass Du immer hörst, ob Du sie auf Deinem Instrument richtig spielst. Deshalb ist Singen für einen Streicher ganz besonders wichtig.
Schon vor über 1000 Jahren haben Musiker erkannt, dass Solmisationssilben das Singen von neuen Melodien leicht machen. Zu jeder Solmisationssilbe gehört ein Handzeichen.

Kannst Du aus folgenden kleinen Melodien ein Lied zusammensetzen?

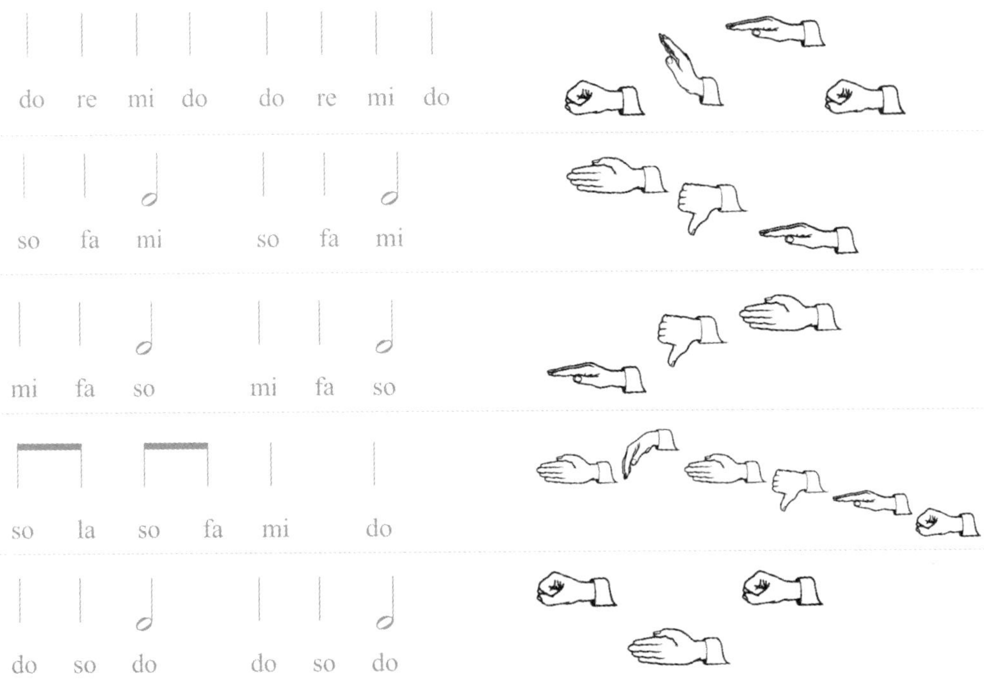

Die Schritte zwischen den verschiedenen Tönen sind nicht immer gleich groß. Bei den Solmisationsilben liegen nur zwischen mi – fa und ti – do ***Halbtonschritte***. Zwischen allen anderen benachbarten Silbe liegen ***Ganztonschritte***. Die Solmisationstreppe verdeutlicht den Unterschied zwischen Ganztonschritten und Halbtonschritten.
Beginnt eine Leiter mit do, so nennt man sie ***Durtonleiter***. Beginnt sie mit la, dann heißt sie ***Molltonleiter***.

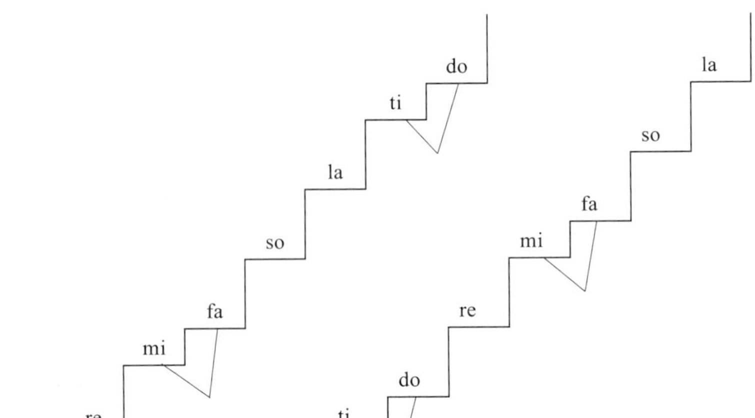

Tipp: Über „i" liegt ein Halbtonschritt.

Aufbau der rechten Hand am Bleistift

Damit Du Haltung und Führung des Bogens gut und schnell lernen kannst, machen wir einige Vorübungen mit Hilfe eines langen Bleistiftes. Ganz wichtig dabei ist, dass Du den Bleistift niemals verkrampft hältst, sondern ihn immer locker hältst und führst.

Vorübungen

1. Stell Dir vor, du hättest ein Wasserglas in der rechten Hand und würdest es jetzt mit fast ausgestrecktem Arm ausgießen. Dabei dreht sich der Arm gegen den Uhrzeigersinn.

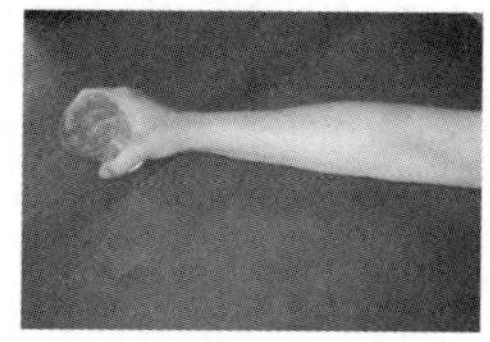

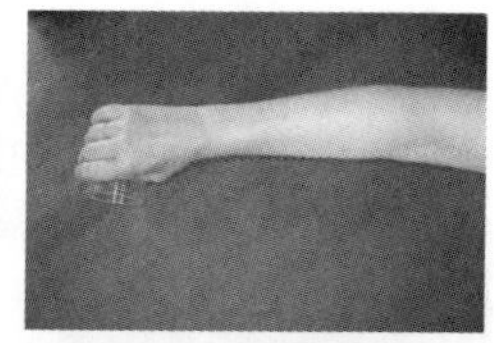

2. Nimm einen langen Bleistift in die linke Hand und lege ihn auf Deinen rechten Oberschenkel. Leg die rechte Hand mit den mittleren Fingergliedern auf den Bleistift und hebe jetzt mit der linken Hand den Bleistift, auf dem die rechte liegt, hoch. Spüre, wie schwer der rechte Arm ist.

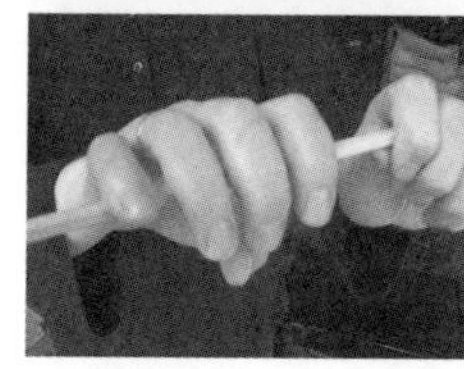

Aufbau am Bleistift

1. Halte den Bleistift mit der linken Hand in der Waagerechten. Bilde mit dem Mittelfinger und dem Daumen einen Kreis, wobei die Daumenspitze im zweiten Fingerglied liegt.
2. Lege den Bleistift locker zwischen Daumen und Mittelfinger. Zur Kontrolle kannst du mit der Hand am Bleistift hin und her fahren.
3. Lege den Ringfinger ebenfalls mit dem zweiten Fingerglied über den Bleistift.
4. Lege den kleinen Finger im ersten Fingergelenk auf den Bleistift.
5. Zum Schluss schüttest du das Wasserglas aus (⇨ Vorübung 1), bis Dein Zeigefinger im ersten Fingergelenk auf dem Bleistift liegt. Hänge das Gewicht Deines Armes an den Bleistift.

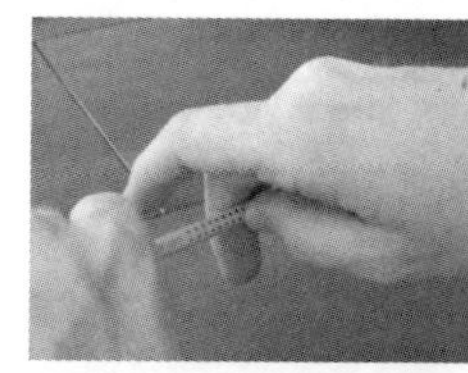

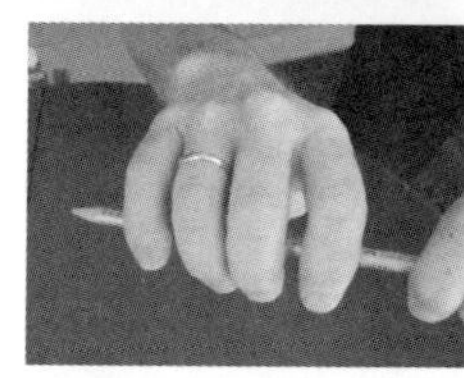

Spiele mit dem Bleistift

1. Klopfe nacheinander mit jedem Finger auf den Bleistift, um zu überprüfen, ob Du den Bleistift nicht zu fest hältst.
2. Versuche, den Bleistift in Deiner rechten Hand hin und her zu schieben.
3. *Horizontale Wippe*: Versuche den Bleistift abwechselnd mit Zeigefinger und kleinem Finger zu Dir zu ziehen.

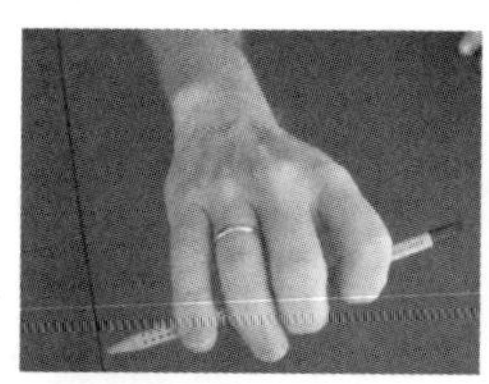

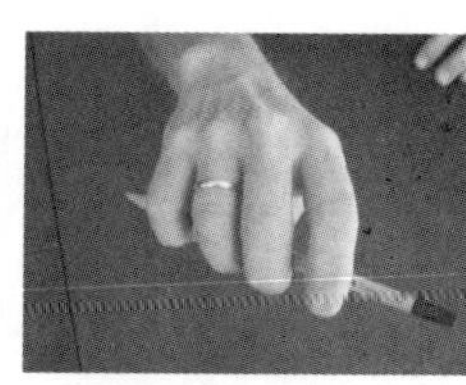

4. Drehe die Hand mit dem Bleistift so, dass Du in die Hand hineingucken kannst. Dabei zeigt der Handrücken zum Boden. Kontrolliere, ob der Bleistift alle Finger berührt. Rolle den Bleistift mit dem Daumen ein wenig hin und her.

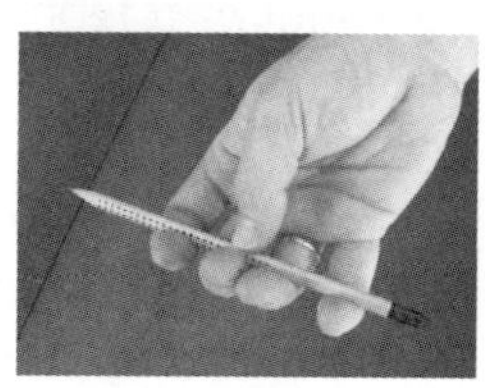

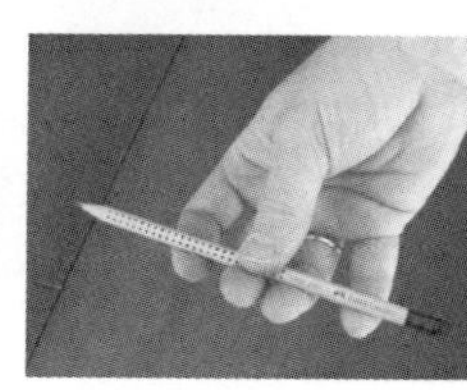

Tipp: Bevor du diese Übungen beginnst, achte darauf, dass die Fingernägel von Daumen und kleinem Finger kurz geschnitten sind, weil sonst kein sicherer Ansatzpunkt zu finden ist.
Spiele oft mit dem Bleistift, das erhöht die Geschicklichkeit der Finger.

Rhythmus und Grundschlag

Im Unterricht hast Du Vor- und Nachklatschen geübt. Dabei hast Du ***Rhythmen*** geklatscht. Rhythmen entstehen aus dem Wechsel von kurzen und längeren Klängen. Das Wort kommt von rhythmós (= *grch.* das Fließen).

Die Rhythmussprache

Wenn wir die Rhythmussilben ta und ti benutzen, ist ta länger und ti kürzer – ta ist doppelt so lang wie ti.
Du kannst jetzt sicher schon folgenden Rhythmus mit ta und titi lesen:

Wenn alle zusammen in der gleichen Geschwindigkeit sprechen wollen, müssen wir uns auf ein gemeinsames ***Tempo*** einigen: Dazu dient in der Musik der ***Grundschlag.***
Diesen Grundschlag führst du folgendermaßen aus: Klatsche mit Zeige- und Mittelfinger deiner rechten Hand leicht in die Handfläche deiner linken Hand. Achte dabei darauf, dass die Bewegung aus dem ganzen Arm erfolgt.
Nun sprich den Rhythmus oben noch einmal zum Grundschlag. Jetzt kennst du den Unterschied zwischen Rhythmus und Grundschlag.

Die Notenschrift

Kurze Beispiele kann man gut behalten. Wenn Du einen Rhythmus später wiederholen oder mit nach Hause nehmen möchtest oder auch längere Stücke behalten willst, ist es hilfreich, die verschiedenen Längen der Klänge aufschreiben zu können. Dazu benutzen wir eine besondere Schrift: die Notenschrift.

Für die Silbe ta steht ♩ oder ♩. Diese Note heißt Viertelnote oder kurz ***Viertel.*** Sie besteht aus Notenkopf • und Notenhals |.

Für die Silbe ti – die ***Achtel*** – steht ♪ oder ♪, für das Achtelpaar titi ♫. Der waagrechte Strich wird Balken genannt. Einzeln geschriebene Achtel haben ein Fähnchen.

Zum einfacheren Schreiben von Rhythmen schreibt man keine vollständigen Noten sondern folgende Zeichen:

| steht für ta, ⊓ steht für titi.

Klatsche den Grundschlag und sprich dazu folgende Rhythmen. Mit dem Grundschlag gibt man gleichzeitig das Tempo der Viertelnoten an:

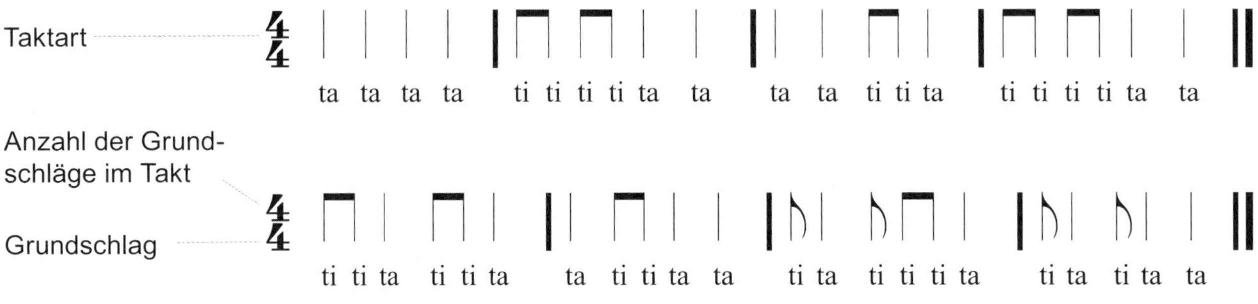

Zupfe die Rhythmen (⇨ S. 10) auf den verschiedenen Saiten Deines Cellos.
Zupfe die Rhythmen mit der linken Hand zunächst in der mittleren Position. Wechsele später auch in die **untere Position** (1. Lage)

Wenn Du zwischen der mittleren und der unteren Position wechselst, gleite mit dem Daumen am Hals entlang. Der Arm führt die Hand in die neue Position. Dadurch bleibt die Haltung der Hand erhalten.

Zupfe die Rhythmen auf den verschiedenen Saiten Deines Cellos, dazu kannst Du auch den Rhythmus sprechen. Wechsele dabei oft zwischen dem Zupfen mit der rechten Hand und dem Zupfen mit den verschiedenen Fingern der linken Hand.

Tipp: Immer, wenn Du einen Rhythmus neu lernen möchtest, sprich die Silben zunächst zum Grundschlag.

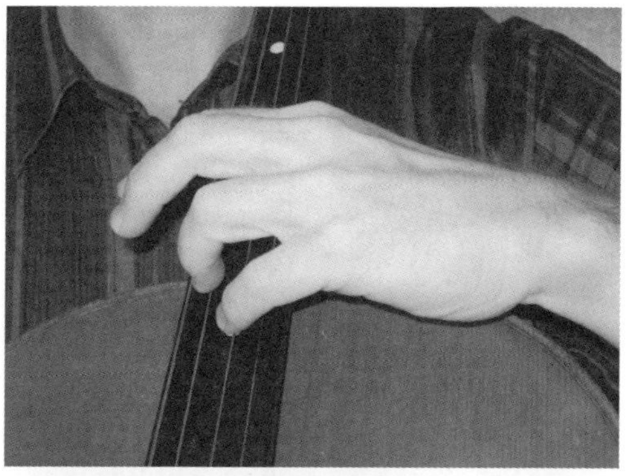

Bild oben: Mittlere Position
darunter: Untere Position (1. Lage)

Aufbau der linken Hand am Bleistift
Auch die Finger der linken Hand müssen sich erst an ihre Aufgabe beim Cellospielen gewöhnen. Die Zeit, die Du mit Bleistiftübungen verbringst, zahlt sich schon in einigen Tagen aus, wenn Du zum ersten Mal die Finger auf das Griffbrett setzt.

1. Fasse die Bleistiftspitze mit Deiner rechten Hand und halte ihn vor Deinen Oberkörper.
2. Setze alle vier Finger der linken Hand mit der Spitze auf die Seite des Bleistiftes, die von Dir wegzeigt.
3. Fahre mit der Hand am Bleistift auf und ab.
4. Nun setze Deinen Daumen gegenüber dem Mittelfinger an den Bleistift und schiebe ihn einige Male locker auf und ab.
5. Versuche den Bleistift mit den Fingern gegen den Widerstand der rechten Hand zu Dir hin zu ziehen, ohne dass die Finger ihre gerundete Haltung aufgeben.

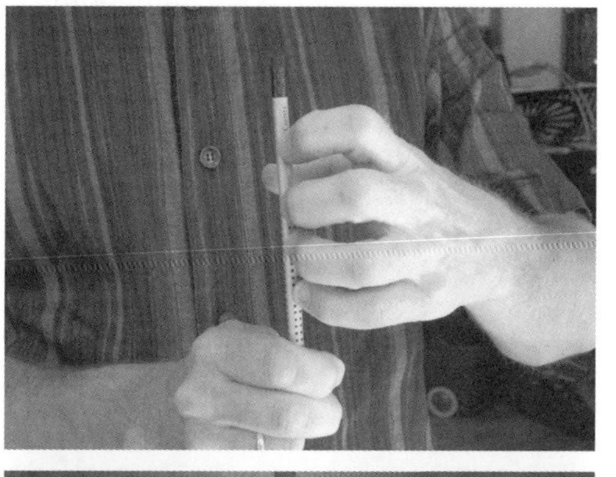

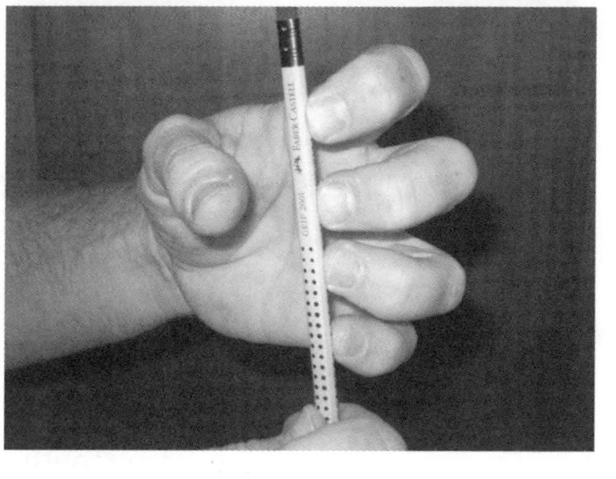

Weitere Notenwerte und Pausen

Du kennst schon Viertel- und Achtelnoten (⇨ S. 10), weißt, wie sie klingen, wie man sie hörbar macht und wie sie aussehen. Im Unterricht hast Du aber auch Rhythmen gesprochen und geklatscht, in denen noch längere Noten und auch Pausen unterschiedlicher Länge vorkamen.
tu – dauert doppelt so lang wie ta, tu – o – sogar viermal so lang wie ta. Anders ausgedrückt dauert tu – zwei Grundschläge, tu – o – vier Grundschläge.
Die Notenschrift verwendet die ***Halbe*** (Note) 𝅗𝅥 für tu – und die ***Ganze*** (Note) 𝅝 für tu – o –.
Vielleicht hast Du schon früher statt tu – „tao" und statt tu – o – „taoao" gesprochen. Du kannst diese Rhythmussilben ruhig weiter verwenden.

Wir können die Notenwerte daran unterscheiden, ob der Notenkopf ausgefüllt oder hohl ist und ob die Note einen Notenhals oder Fähnchen bzw. Balken hat.

Schreibe die passenden Rhythmussilben unter folgende Zeile und sprich sie zum Grundschlag:

Zupfe die einzelnen Takte auf der A-Saite wie notiert, dann auch auf den anderen Saiten.

Pausen

Wie Noten können auch Pausen unterschiedlich lang sein. Du hast folgende Worte für Pausen kennengelernt: still, Pau-se, gan-ze Pau-se. Dabei entspricht die Anzahl der Silben der Anzahl der Grundschläge, die eine solche Pause dauert.

♩ = ta	♫ = titi
𝅗𝅥 = tu –	𝅝 = tu – o –
𝄽 = still	𝄼 = Pau-se
	𝄻 = gan-ze Pau-se

𝄽 = „still" steht für eine ***Viertelpause***, die so lang dauert wie eine Viertelnote.
𝄼 = „Pau-se" steht für eine ***Halbe Pause***, die so lang dauert wie eine Halbe Note.
𝄻 = „Gan-ze Pau-se" steht für eine ***Ganze Pause***, die so lang dauert wie eine Ganze Note.
Schreibe unter die folgende Notenzeile die passenden Rhythmussilben und Pausenworte. Sprich dann den Rhythmus zum Grundschlag.

Wenn Du sicher bist, sprich die Pausenworte nur noch stimmlos, dann denke sie nur noch zum Grundschlag, während Du die Rhythmussilben weiter laut sprichst. Zupfe den Rhythmus dann auf der D-Saite und den anderen Saiten.

Der Viervierteltakt – 4/4

Bisher hast Du kurze und lange Notenwerte kennen gelernt. In der Musik spielt aber wie in der Sprache auch die Betonung eine große Rolle.

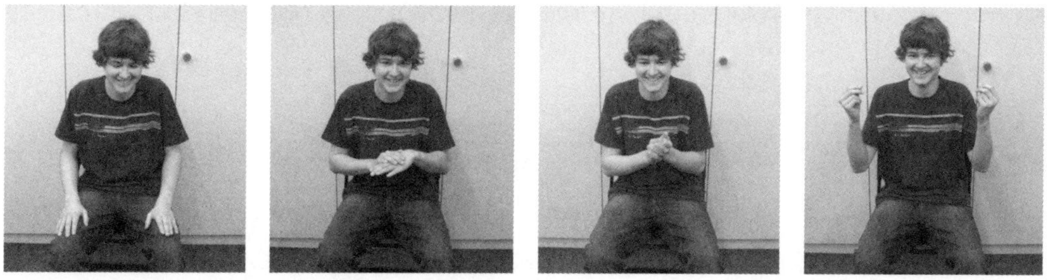

Indem Du die vier abgebildeten Aktionen immer wieder nacheinander ausführst, wird der gleichmäßige Grundschlag in eine regelmäßige Folge von betonten (1 und 3) und nichtbetonten Grundschlägen (2 und 4) verwandelt. Die Betonung direkt am Anfang des Taktes (Aktion 1) ist stärker als die in der Mitte (Aktion 3). Dies entspricht den Betonungsverhältnissen im 4/4-Takt.
Sprich die Rhythmen von S. 10 und 12 und den des „Wecker-Raps" zum Grundschlag und zur Taktfigur. Zupfe den Rap mit der rechten Hand. Die Rhythmen des „Wecker-Raps" kannst Du auch auf verschiedenen Saiten mit der linken Hand zupfen. Verändere dabei oft die Position der Hand am Griffbrett.

Wecker-Rap

Dieses Zeichen wird erst wichtig, wenn das Stück später gestrichen wird.

Leere Saiten und Notengestalt

Das ***Notensystem*** besteht aus fünf Linien und hat vier Zwischenräume. Die Linien und die Zwischenräume werden von unten nach oben gezählt.

Linien

Zwischenräume

Noten können auf Linien oder in Zwischenräumen liegen. Dabei bestimmt die Lage des Notenkopfes die Höhe des aufgeschriebenen Tones: Je höher der Notenkopf im Notensystem liegt, desto höher klingt der Ton. Wenn ein Ton zu hoch oder zu tief für die fünf Linien ist, verwendet man ***Hilfslinien***, wie zum Beispiel bei der C-Saite der Celli.
Der Notenhals ist nach oben (rechts am Notenkopf) gerichtet, wenn eine Note im zweiten Zwischenraum oder tiefer liegt. Er ist nach unten (links am Notenkopf) gerichtet, wenn eine Note auf der dritten Linie oder höher liegt. So ragen die Notenhälse nicht zu sehr aus dem Liniensystem heraus.

Noten für Cello haben am Anfang jeder Zeile einen Bassschlüssel. Die anderen Streichinstrumente haben teilweise andere Notenschlüssel (⇨ S. 16).
Präge Dir gut ein, wo die vier leeren Saiten der Cello im Notensystem stehen. So werden sie in Noten aufgeschrieben:

Bass-schlüssel

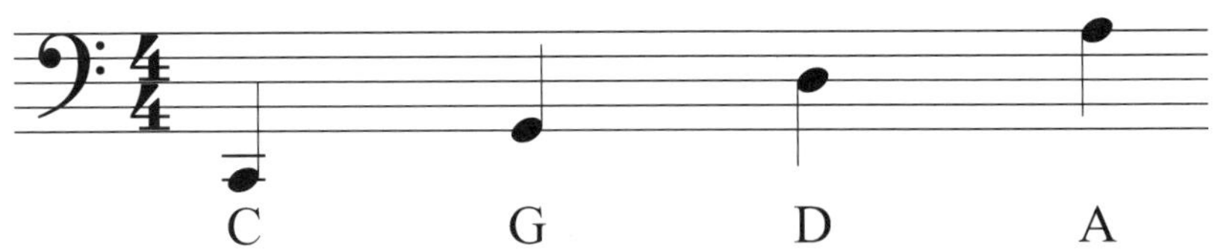

Die C-Saite liegt auf der zweiten Hilfslinie unter dem System, die G-Saite auf der ersten Notenlinie. Die D-Saite liegt auf der dritten Linie, die A-Saite auf der fünften Notenlinie.

Bestimme in folgender Übung die Namen der leeren Saiten und den Notenwert:

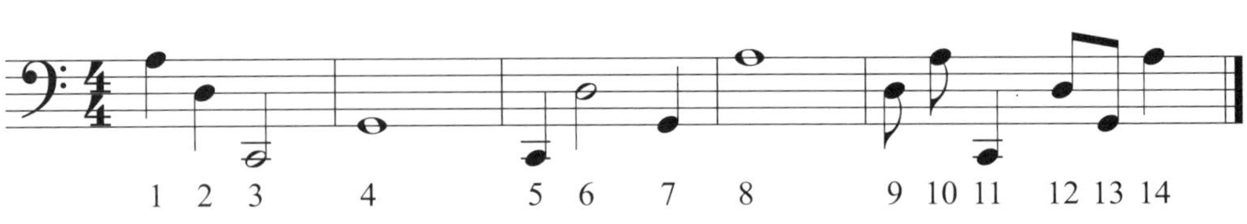

1. A Viertel	5.		
2.	6.	9.	12. ....
3.	7.	10.	13. ....
4.	8.	11.	14. ....

Lieder mit Begleitung

Das Lied vom „Bruder Jakob" kennst Du vielleicht schon. Singe die folgenden Lieder und versuche, Dich selbst zu begleiten.

Bruder Jakob

M/T: Volksweise

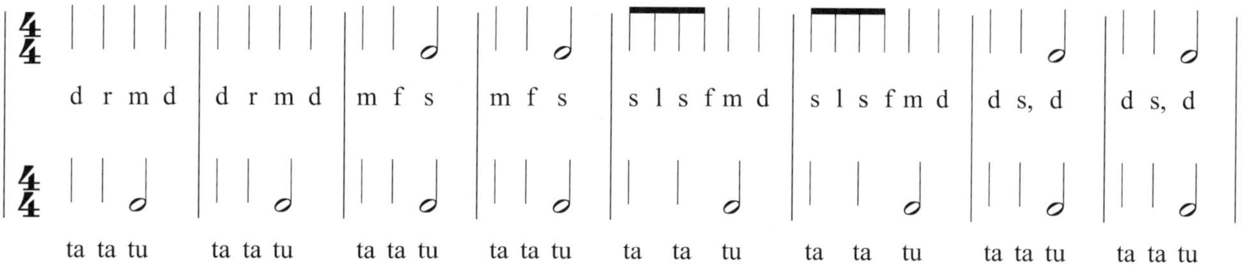

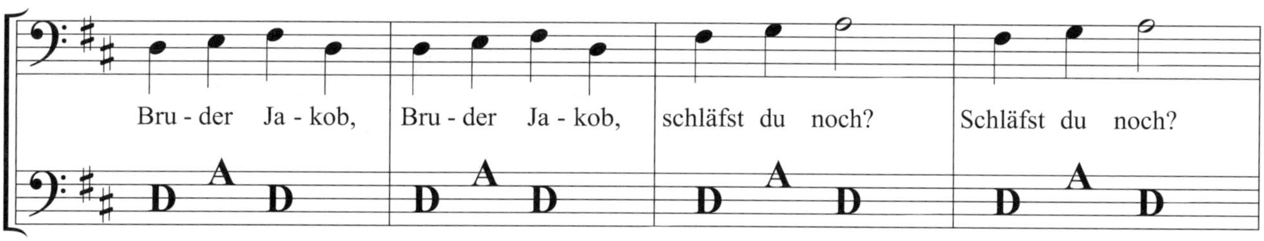

Süße Drops

M: Amerik. Volksweise, T: B./P. Boch © 2008 Schott Music GmbH & Co. KG, Mainz

Immer wenn ein Lied mit do endet und dies der Ton d ist, stehen vorne hinter dem Notenschlüssel zwei ***Kreuzchen***.

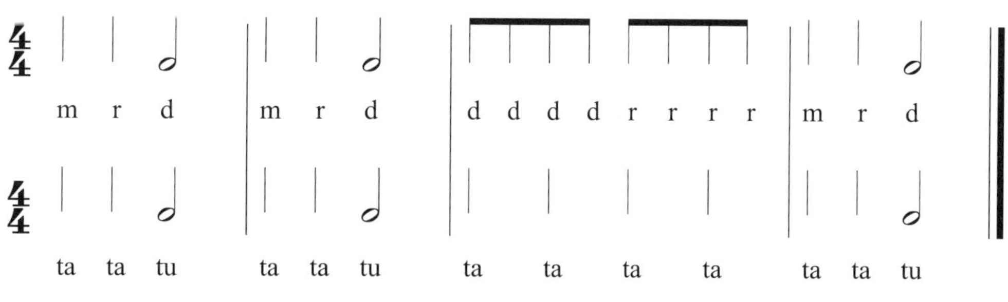

Die drei Notenschlüssel

Um alle Töne aufschreiben zu können, haben die Musiker vor über tausend Jahren angefangen, unsere Notenschrift zu entwickeln. In einem Notensystem mit fünf Linien haben auf den Linien und in den Zwischenräumen elf verschiedene Töne Platz.

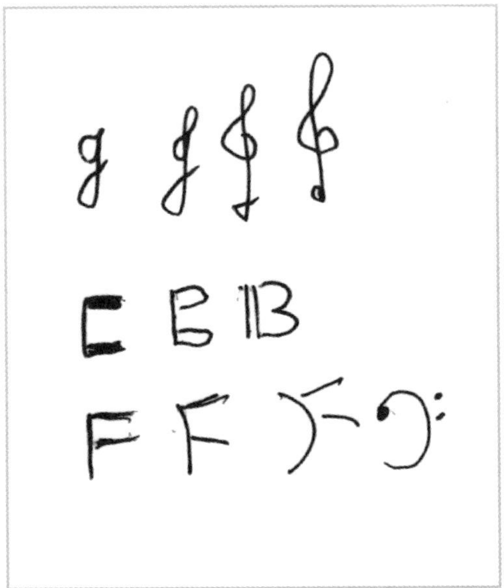

Da ein Cello viel tiefer als eine Geige spielt, brauchte man eine zusätzlich Angabe, wie hoch die in dem Notensystem aufgeschriebenen Töne klingen sollten.
Zunächst schrieb man ein g, ein c oder ein F dorthin, wo der entsprechende Ton stehen sollte. Daraus haben sich die drei Notenschlüssel ***Violinschlüssel*** (G-Schlüssel), ***Bratschenschlüssel*** (C-Schlüssel) und ***Bassschlüssel*** (F-Schlüssel) entwickelt.
Die Töne auf einem Kontrabass klingen so tief, dass man vereinbart hat, sie eine Oktave höher aufzuschreiben, als sie klingen. Andersherum gesehen: Die Töne, die ein Kontrabass spielt, klingen eine Oktave tiefer, als sie notiert sind.
Du kennst schon die leeren Saiten Deines Instruments und hast auch die Stammtöne schon oft aufwärts c, d, e, f, g, a, h, c und abwärts c, h, a, g, f, e, d, c gesungen.
Wenn Du in einem Notensystem eine beliebige Note lesen willst, brauchst Du nur vom Schlüsselton aus zu dieser Note hin zu zählen. Ist der Ton höher als der Schlüsselton, zähle aufwärts, ist er tiefer als der Schlüsselton, zähle abwärts.

Schreibe unter die Noten die richtigen Notennamen. Achte darauf, dass hier drei verschiedene Notenschlüssel verwendet werden.

Bewegungsübungen 1
Während die Geigen und Bratschen ihre Spielposition erarbeiten kannst Du Deine Sitzposition noch einmal überprüfen und verbessern. Fasse das Cello mit der linken Hand am Hals und strecke den Arm nach vorn, so dass das Cello senkrecht steht. Kannst Du jetzt aufstehen, ohne die Füße zu bewegen?
Nimm Dein Cello in Spielposition und lege beide Hände auf die Knie. Bewege Deinen Oberkörper leicht nach links und rechts, ohne das Cello mit einer Hand zu berühren. Die drei Kontaktpunkte Brust und Innenseiten der Knie halten das Cello.

Der balancierte Sitz
Setze Dich Deinen Stuhl. Versuche Dein Gewicht gleichmäßig auf die ganze Sitzfläche zu verteilen. Halte Dein Instrument in Spielposition und verlagere Dein Gewicht abwechselnd stärker auf die linke Gesäßhälfte und wieder zurück auf beide.

Harfenpizzicato
Zupfe mit dem kleinen Finger der linken Hand nacheinander die leeren Saiten C, G, D, und A. Zupfe in der Mitte der Saite über dem Oktavpunkt (⇨ S. 4). Der Daumen liegt dabei locker gerundet in der Kuschelecke am Übergang zwischen Hals und Korpus etwa gegenüber der D-Saite. Streiche jetzt mit dem kleinen Finger über alle Saiten. Es entsteht so ein Klang, der der Harfe ähnelt. Wichtig ist dabei, dass sich Dein Arm wie unten auf dem Bild gestützt auf den Daumen um den Cellohals herum bewegt und die Hand nicht auf der Zarge liegt.
Versuche das Harfenpizzicato dann auch in der ersten Lage auszuführen. Denke daran, dass Deine Hand beim Wechsel der Positionen so am Griffbrett entlang gleitet, dass die Finger gerundet über den Saiten schweben und der Daumen unter dem Hals locker gleitet.

Harfenpizzicato: Über dem Oktavpunkt

In der 1. Lage

Spiele den „Leersaitenboogie“ zunächst mit dem Zeigefinger der rechten Hand **pizzicato**. Achte darauf, dass sich Dein rechter Arm hebt, wenn Du auf den hohen Saiten zupfst, und senkt, wenn Du auf den tiefen Seiten zupfst.

♩ = ta — = gan-ze Pau-se — = Pau-se

Leersaiten-Boogie

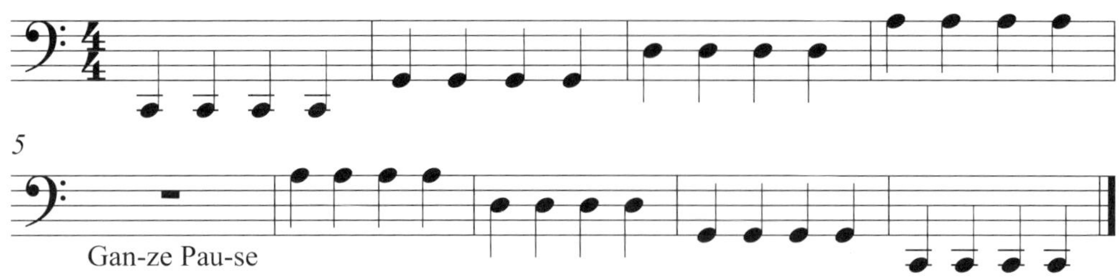

Spiele den Boogie auch mit dem vierten Finger der linken Hand.

Pizzataxi

1. Zupfe folgende Übung in der mittleren Position mit dem kleinen Finger der linken Hand. Denke daran, dass der Arm wie beim Harfenpizzicato die Hand über die Saiten führt.

2. Zupfe sie in der ersten Lage.

3. Zupfe jetzt jeweils die A-Saite in der unteren Position und wechsele bei der C-Saite in die mittlere Position.

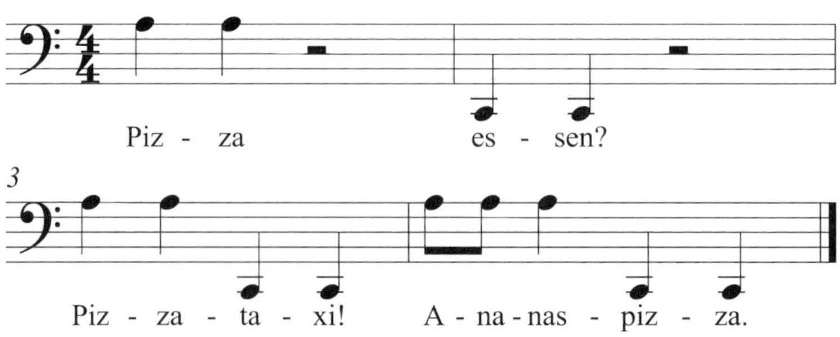

Wenn Du Dich in der mittleren und unteren Position wohlfühlst, versuche auch den Rest des Griffbretts zu erkunden. Zupfe mit dem 3. Finger der linken Hand auch an Stellen zwischen Oktavpunkt und Ende des Griffbretts: in der **hohen Position**. Damit Du diese hohen Stellen angenehm erreichen kannst, muss die Spitze Deines Daumens an die linke Kante des Griffbretts über dem Korpus rutschen. Die Hand schwebt über den Saiten.

Die *Rodelbahn* ist eine lustige Form der Erkundung des Griffbretts, die Du spielen kannst, während die Geigen und Bratschen Harfenpizzicato in der oberen Position üben.

Erfinde eigene „Pizzen“ mit neuen Rhythmen. Und wechsele zwischen den drei Positionen.

Von allen Saiten

In diesem Stück spielst Du alle Saiten Deines Cellos. Achte auf die Pausen. Sprich zuerst den Rhythmus, dann die Saitennamen im richtigen Rhythmus, zupfe danach „Von allen Saiten“.

♩ = ta 𝅗𝅥 = tu – 𝄽 = still ▬ = Pau-se ▬ = gan-ze Pau-se

Praeludium

Bei diesem Stück musst Du genau zuhören, was im ersten Takt vorgespielt wird, weil Du dieses Motiv auf allen Saitenpaaren nachspielen sollst. Ein einfaches Beispiel für ein solches Motiv findest Du hier abgedruckt.
In Takt 2 spielen die Geigen und Bässe das Motiv auf der E- und A-Saite.

Ein ***Motiv*** ist ein kleiner musikalischer Gedanke, den man gut wiedererkennen kann – die kleinste musikalische Sinneinheit.

Tangorhythmus

Sprich folgenden Rhythmus zuerst zum Grundschlag, danach zupfe ihn auf den angegebenen Saiten. Später wirst Du diesen Rhythmus in einem Konzertstück wiederfinden.

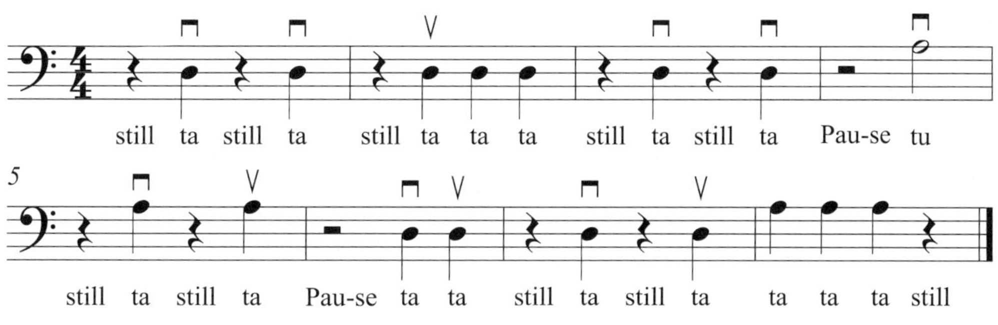

Halbtonschritte und Ganztonschritte

Du hast bisher die Namen der vier Saiten Deines Cellos gelernt. Zwischen den Tönen, die Du auf den Saiten spielen kannst, ohne mit den Fingern der linken Hand zu greifen, liegen aber noch viele andere Töne. Sie sind der Reihe nach fast wie die Buchstaben des Alphabets angeordnet, lediglich das b des Alphabets ist durch h ersetzt:
C, D, E, F, G, A, H, c, d, e, f, g, a, h, c, d, e.

Diese Töne heißen ***Stammtöne***. Zwischen zwei benachbarten Tönen liegt ein ***Tonschritt***.

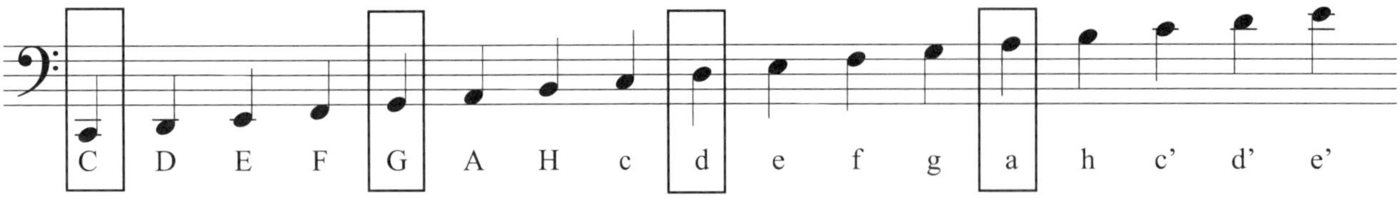

Wie du siehst, sind die leeren Saiten Deines Cellos sehr gleichmäßig in der Reihe der Stammtöne verteilt. Wenn man von einer Saite anfängt zu zählen, findet man als fünften Ton darüber und/oder darunter wieder eine leere Saite. Dieser Abstand von einem ersten zu einem fünften Ton heißt ***Quinte*** (von *lat.* quintus = der Fünfte). Musiker sagen daher: Das Cello ist in Quinten gestimmt.

Der ***Bassschlüssel*** legt fest, dass das f auf der vierten Linie liegt, zwischen den beiden Punkten.

Wenn man genau sagen will, welches c man meint, sagt man: großes c (C) oder kleines c (c) oder eingestrichenes c (c').

Wenn Du bei einem beliebigen Ton der Stammtonreihe als erstem Ton anfängst zu zählen, hat immer der achte Ton wieder denselben Namen, genau wie bei den Solmisationssilben. Den Abstand zwischen zwei Tönen mit demselben Namen nennt man auch ***Oktave***. Darin steckt das lateinische Wort *octo* für acht. Vielleicht weißt Du ja schon, dass der achtarmige Krake auch Oktopus heißt.
Wenn zwei Töne, die eine Oktave bilden, zusammen klingen, merkt man, dass diese sehr ähnlich sind. Wenn die Oktave sehr sauber – sehr genau – ist, ist sogar schwer zu entscheiden, ob ein oder zwei Töne erklingen.
Wenn Du die Tonleiter von c bis c' hörst, erkennst Du, dass sie genauso klingt wie die Solmisationsleiter von do aus. Die ***Halbtonschritte*** liegen also zwischen e und f und zwischen h und c genau wie zwischen mi und fa sowie ti und do. Alle anderen Tonschritte zwischen zwei Stammtönen sind ***Ganztonschritte***.

Tipp: Das Wort „Chef" enthält die beiden Halbtonschritte zwischen Stammtönen.

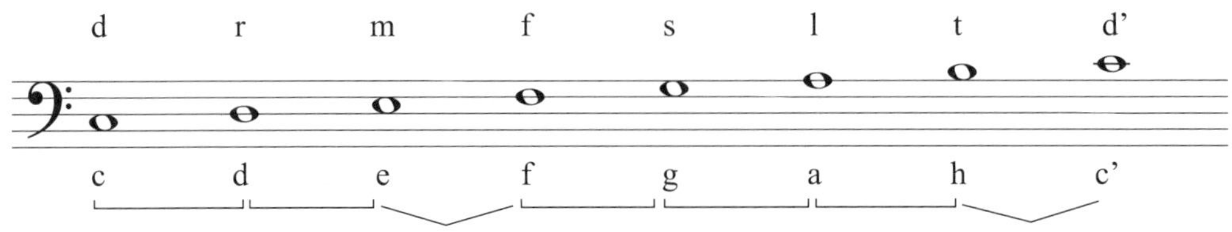

Lerne die Reihenfolge der Stammtöne aufwärts und abwärts auswendig.

Aufbau der linken Hand

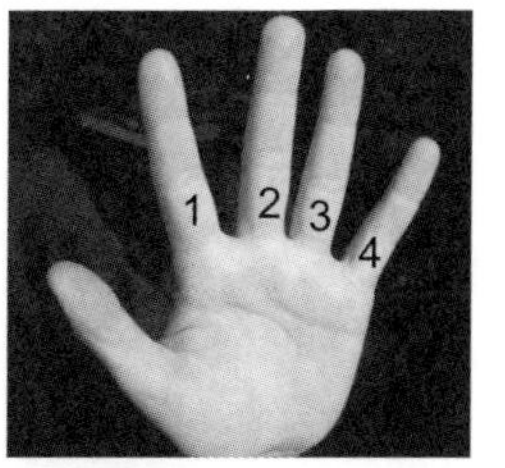

Die Finger der linken Hand werden vom Zeigefinger bis zum kleinen Finger als 1., 2., 3. und 4. Finger gezählt.
Bevor du die folgenden Übungen beginnst, achte darauf, dass Deine Fingernägel kurz geschnitten sind, weil lange Fingernägel sowohl das richtige Aufsetzen der Finger verhindern als auch Saiten und Griffbrett beschädigen können.

Nimm Dein Instrument in Spielposition.
1. Strecke Deinen linken Arm waagerecht nach links. Forme mit Mittelfinger und Daumen ein C. Deine Hand sollte sich anfühlen, als würdest Du eine Tennisball umfassen. Klappe jetzt den Unterarm mehrmals nach innen, so dass die Finger der Hand auf das Griffbrett fallen. Achte darauf, dass sich Dein Ellbogen dabei nicht senkt.

2. Setze den 4. Finger auf den oberen Punkt, den 1. Finger auf den unteren Punkt und den 2. und 3. Finger zwischen den 1. und 4. Finger. Setze die Finger mit der Fingerspitze auf, so dass ein Tunnel über der A-Saite entsteht. Zum Schluss streichle mit der inneren Ecke der Daumenspitze locker den Hals Deines Instrumentes und lass ihn gegenüber dem 2. Finger stehen.

Baue die Hand auf der D-Saite auf und zupfe mit dem Zeigefinger der rechten Hand die D-Saite, so dass ein schöner Ton erklingt. Wenn der Ton nicht schön klingt, ziehe die Saite mit den Fingern etwas kräftiger auf das Griffbrett. Du solltest spüren, wie Du damit den Korpus des Cellos gegen Deine Brust ziehst. Sollte das zu unangenehm sein, kannst Du ein weiches Tuch zwischen Zargenkante und Brust legen.

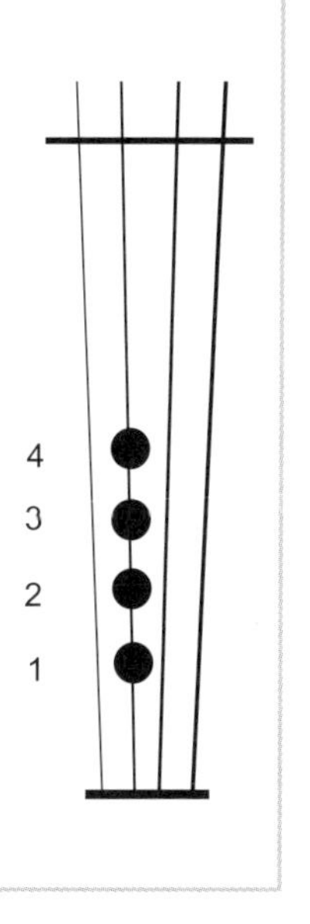

Kräftigung der Finger

Für das Aufsetzen auf die Saiten müssen die Finger der linken Hand gekräftigt werden. Nimm Deinen rechten Arm so vor den Körper, dass die rechte Hand in Höhe der linken Schulter gehalten wird.
Nun baue die linke Hand an Deinem rechten Arm als Ersatz für das Instrument in Ruheposition auf. Jetzt lasse die Finger einzeln und schnell auf Deinen Arm klopfen. Wenn der 2. Finger klopft, lasse den 1. Finger liegen. Sei vorsichtig: Kurze Fingernägel sind sehr wichtig. Der Finger muss den Arm mit der Fingerkuppe treffen, der ganze Finger muss sich im Fingergrundgelenk wie ein kleiner Hammer bewegen.
Dann überträgst Du die Übung auf das Instrument in Ruheposition. Wenn Du sie auf der D-Saite richtig ausführst, hörst Du einen kleine Klopf-Melodie.

Der Bogen

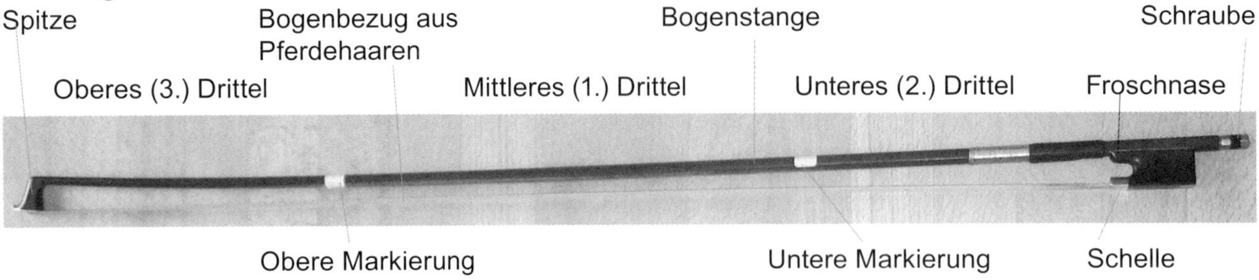

Aufbau in früher Bogenhaltung

Nimm Deinen Bogen in die linke Hand und halte ihn mit den Haaren von Dir weg etwa in Augenhöhe vor Dich. Der Frosch zeigt nach rechts.

1. Fahre mit der Spitze des fast gestreckten Daumens unter der Bogenstange entlang.
2. Bleibe mit dem Daumen an der Froschnase stehen und lege den Mittelfinger mit dem mittleren Fingerglied über die Bogenstange auf den Frosch, so dass die Fingerspitze die linke Seite der Schelle am Frosch berührt.
3. Lege den Ringfinger ebenfalls mit dem mittleren Fingerglied über die Bogenstange auf den Frosch, so dass die Fingerspitze die rechte Seite der Schelle berührt.
4. Lege den kleinen Finger mit der Fingerspitze auf den Frosch und den Zeigefinger im ersten Gelenk über die Bogenstange.
5. Zum Schluss klappst Du beide Unterarme mit dem Bogen nach unten. Die Bogenhaare zeigen jetzt zum Boden. Hänge Deine rechte Hand mit Gewicht an den Bogen und schütte ein wenig das Wasserglas aus. Diese Bewegung nennt man **Pronation**.

Übe häufig die Bogenspiele *Aufzug*, *Wippe* und *Scheibenwischer*, die Du im Unterrricht gelernt hast.

Oktaven

Bevor Du ein Lied spielst, musst Du überprüfen, ob Deine Finger an der richtigen Stelle aufgesetzt sind. Dafür nutzen wir die Oktave.
Ziffern über den Noten zeigen an, mit welchen Fingern ein Ton gegriffen wird:

0 = leere Saite
1 = 1. Finger wird aufgesetzt.
2 = 1. und 2. Finger werden aufgesetzt.
3 = 1., 2. und 3. Finger werden aufgesetzt.
4 = 1., 2., 3. und 4. Finger werden aufgesetzt.

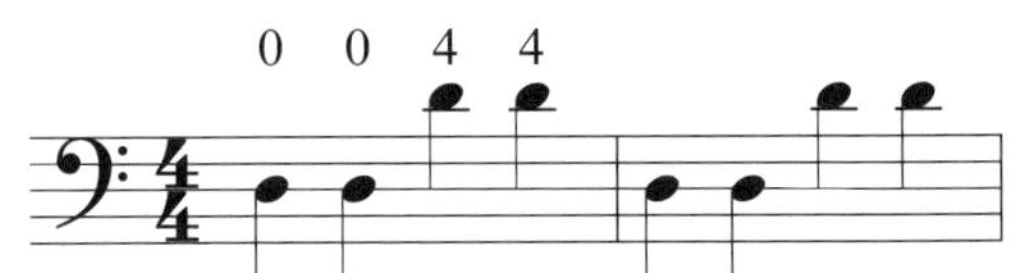

Oktave mit D

Baue die linke Hand mit allen vier Fingern auf der A-Saite auf. Denke daran, dass Du die Saite mit den Fingern auf das Griffbrett ziehst. Der Cellohals darf nicht zwischen den Fingern und dem Daumen eingeklemmt sein.
Zupfe zweimal die leere D-Saite und zweimal die gegriffene A-Saite. Es erklingt eine Oktave mit D. Setze nie nur den 4. Finger sondern immer gleichzeitig auch den 1., 2.und 3. Finger auf. Immer wenn Du eine leere Saite und die darüber liegende Saite mit vier aufgesetzten Fingern zupfst, spielst Du eine Oktave. Der mit vier Fingern gespielte Ton hat den gleichen Namen wie die leere Saite. Nach diesem Namen benennen wir auch die Oktave. Auf dem Cello kannst Du also auch die Oktaven mit G und C spielen.

Damit Du auf allen Saiten sauber spielen kannst, muss sich der linke Arm auf die jeweilige Saite einstellen. Auf der C-Saite muss der Arm deutlich höher gehalten werden als auf der A-Saite.

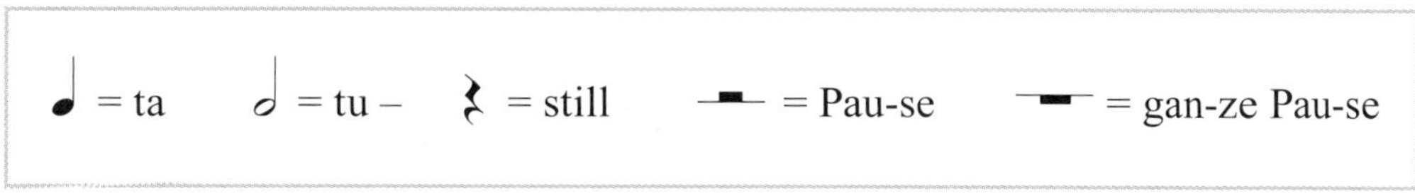

Oktaven Olé in d-Moll

In den Pausentakten spielen Geigen und Bratschen.

Oktaven-Olé in g-Moll

Im dritten Takt spielen die Bratschen die Oktave mit C.

Oktaven-Olé in a-Moll

Beguine

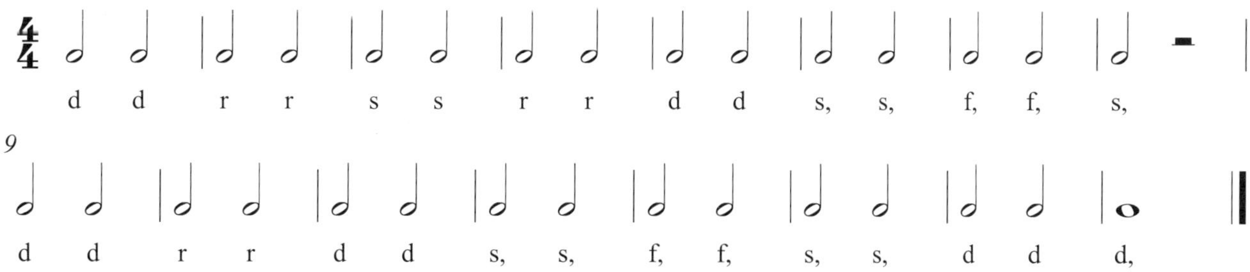

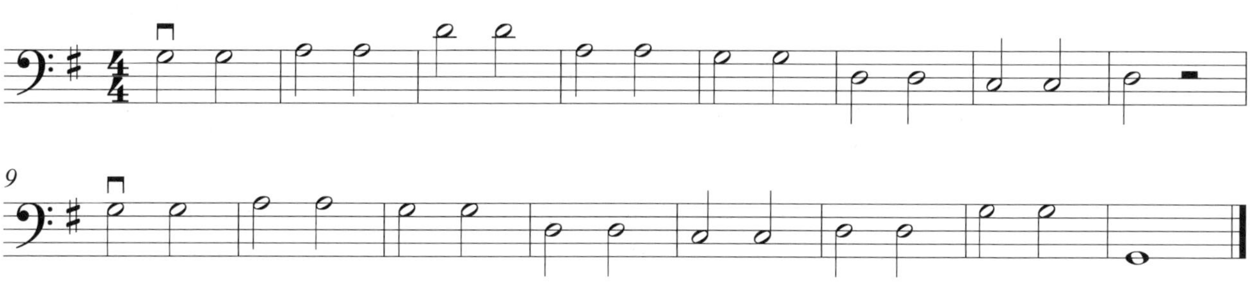

Melodien greifen – noch gezupft

Das **Wiederholungszeichen** :|| zeigt an, dass der vorige Abschnitt noch einmal gespielt wird.

Vorübungen für den Flötenspieler von Samarkand

Der Flötenspieler von Samarkand

M: B./P. Boch © 2008 Schott Music GmbH & Co. KG, Mainz

Wiederhole diese vier Takte so oft, bis die Solomelodie verklungen ist. Denke daran, dass Du die Saite mit den Fingerkuppen gut auf das Griffbrett ziehst.

Stumme Übung zur Position des 2. und des 3. Fingers

Baue Deine linke Hand auf der D-Saite auf. Setze dabei den 3. Finger dicht an den 4. Finger. Schiebe nun den 2. und 3. Finger auf der Saite zurück zum 1. Finger. Achte darauf, dass der Daumen locker hinter dem Hals liegt.
Schiebe nun den 2. Finger und 3. Finger zurück dicht an den 4. Finger. Wiederhole diese Übung einige Male.

Zupfe den folgenden Rhythmus.

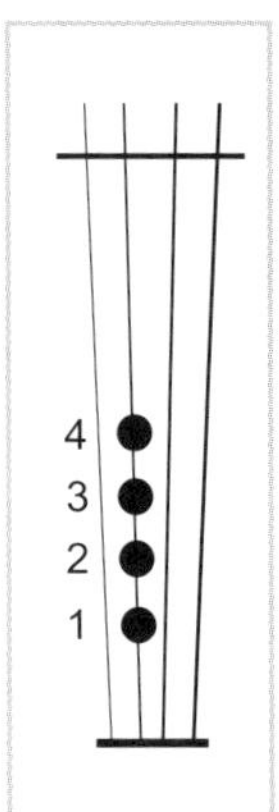

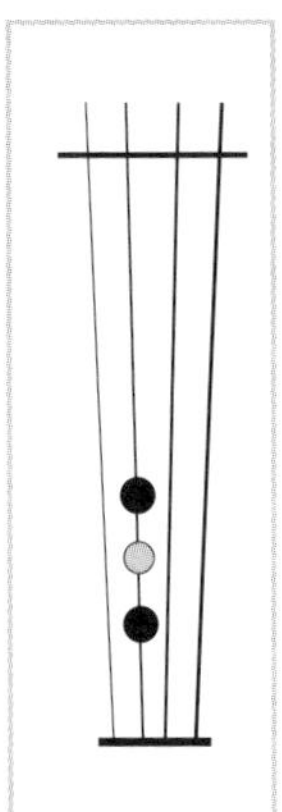

Erste Lieder im pizzicato

Baue die Oktave mit G auf, indem Du alle vier Finger auf die D-Saite setzt. Sie sollen etwa den gleichen Abstand voneinander haben. Spiele die Oktave und höre, ob Deine Finger an der richtige Stelle aufgesetzt sind. Dann nimm nur den 4. Finger von der Saite und das Lied kann beginnen.
Der graue Punkt zeigt, dass der 2. Finger nicht als Spielfinger vorkommt, aber immer mit dem 3. Finger zusammen aufgesetzt wird.

Süße Drops

Versuche Dir schon jetzt einzuprägen, welche Noten zu den verschiedenen Fingern auf der D-Saite gehören.

Ich hab' einen Nachbarn

Dieses Lied verwendet die Melodie eines französischen Volksliedes mit dem Titel „Au claire de la lune".

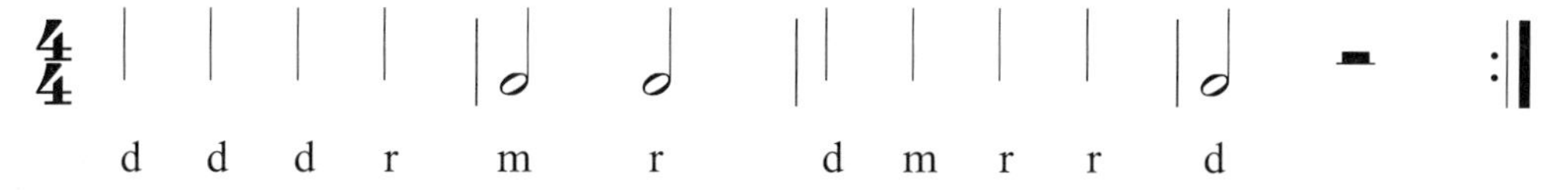

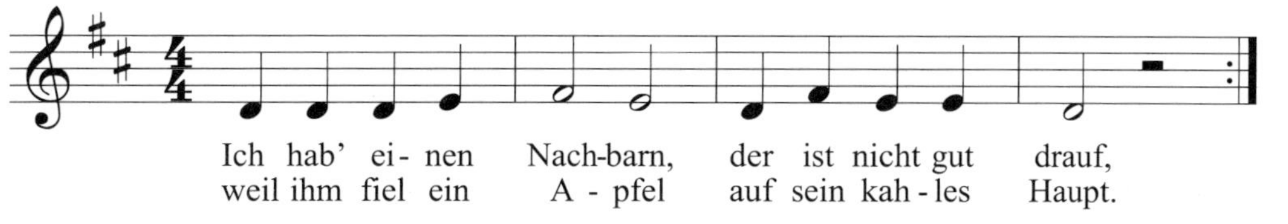

Zupfe den Rhythmus auf der D- Saite, bevor Du das Lied gegriffen spielst.

1. Stimme

M/T: Volksweise

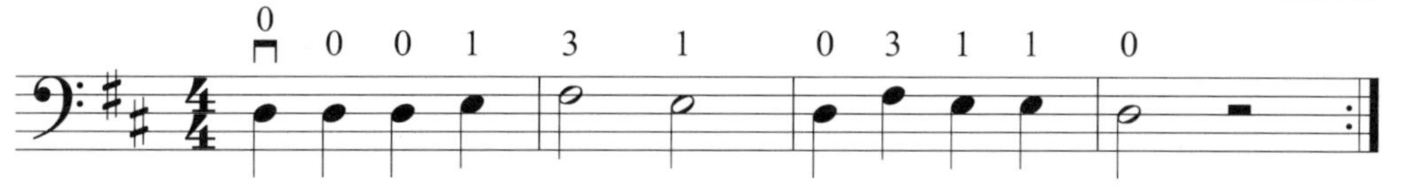

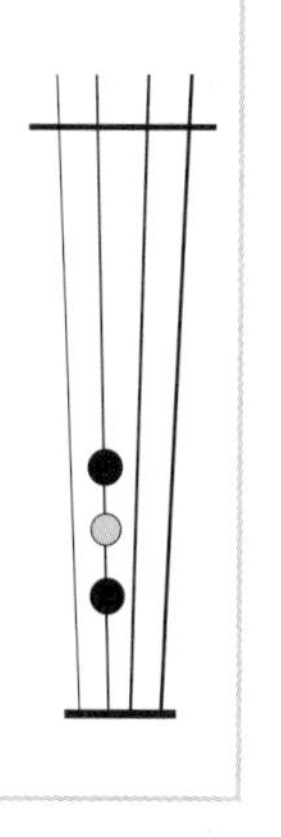

2. Stimme

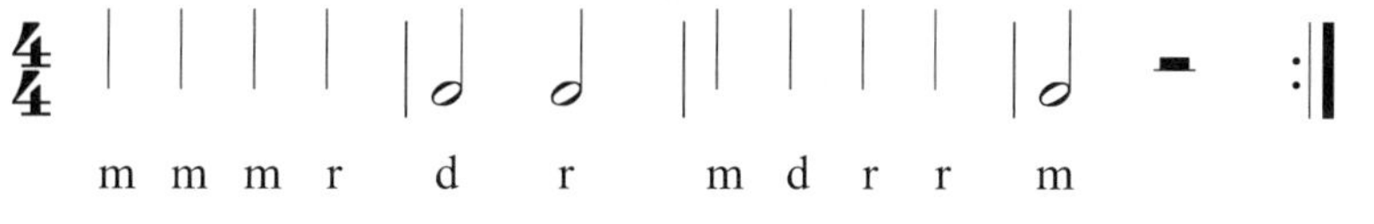

Jetzt spiele das Lied auch auf den anderen Saiten Deines Cellos.

Auf der G-Saite in G-Dur

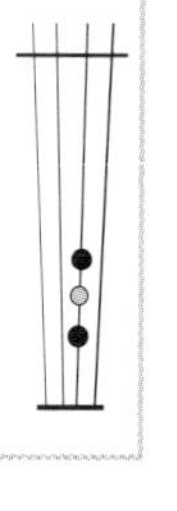

Auf der A-Saite in A-Dur

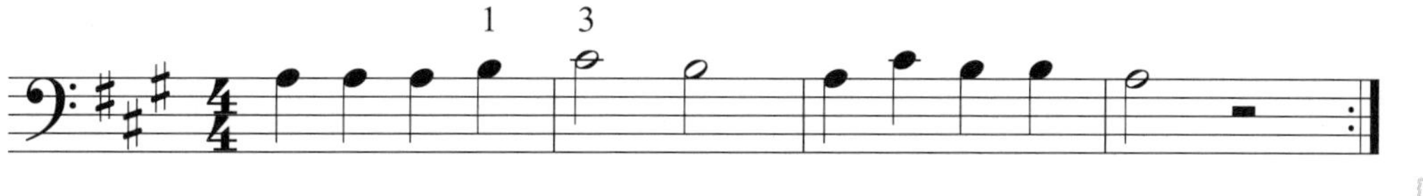

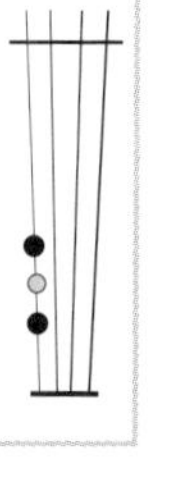

Auf der C-Saite in C-Dur

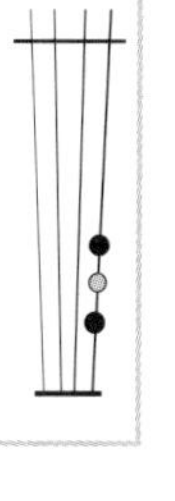

Spiele auch die zweite Stimme auf den anderen Saiten.

Melodien greifen – noch gezupft

Mary's Lamm – gezupft

M/T: B./P. Boch © 2008 Schott Music GmbH & Co. KG, Mainz

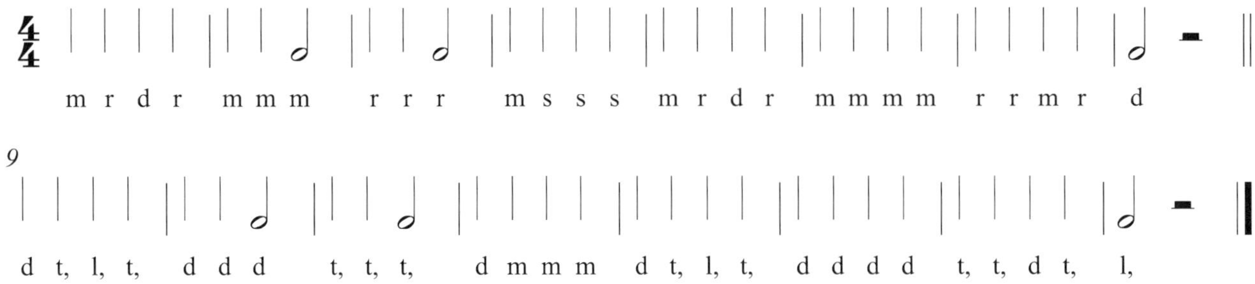

Dies ist ein Lied mit zwei sehr unterschiedlich klingenden Strophen. Welche Tonschritte erkennst Du in den Solmisationssilben der ersten bzw. der zweiten Zeile?

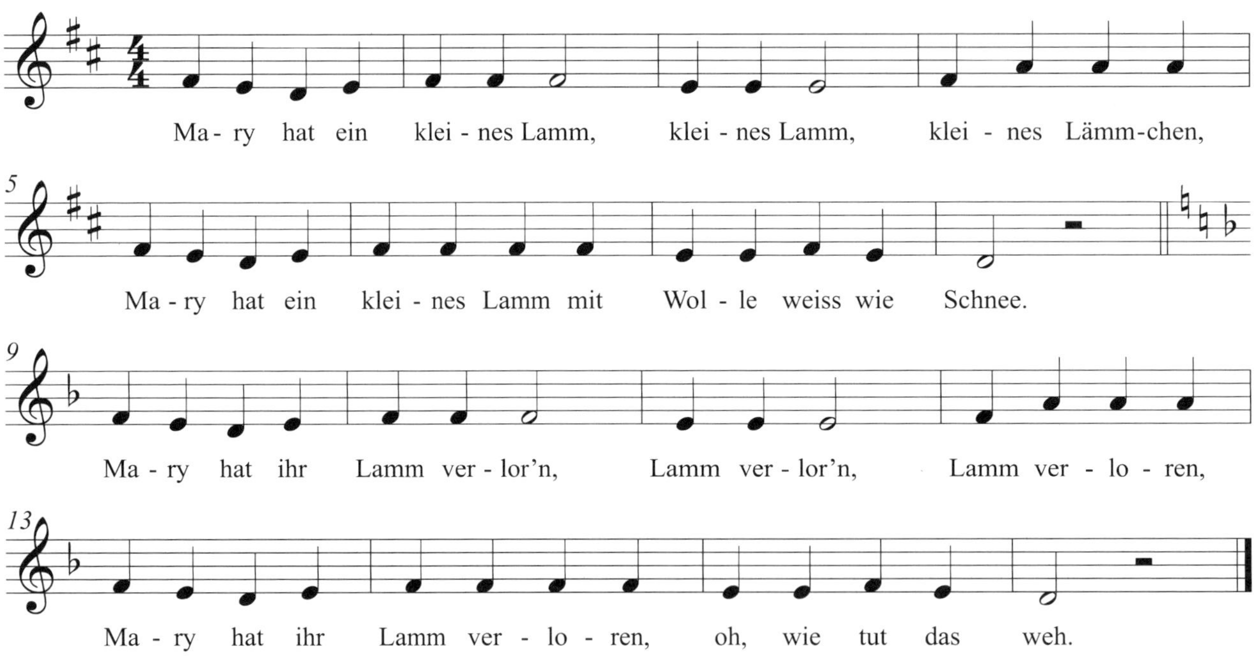

Du weißt schon, dass eine Melodie, die auf do endet, eine Dur-Melodie ist und eine, die auf la endet, eine Moll-Melodie. Hier steht also die erste Strophe in Dur und die zweite Strophe in Moll. Wiederhole die Bewegungsübung von Seite 24, bevor Du mit dem Lied beginnst.

Wenn Du das Lied in Dur und Moll spielen willst, musst Du in der ersten Strophe den 3. Finger dicht unterhalb des oberen Punktes (4. Finger) aufsetzen. Dadurch erklingt der vom 3. Finger gespielte Ton einen Ganzton höher als der Ton des 1. Fingers. In der zweiten Strophe setzt Du den 2. Finger im Halbtonabstand relativ dicht an den 1. Finger. Du wirst hören, dass dann die beiden Strophen unterschiedlich klingen.

Mary hat ein kleines Lamm

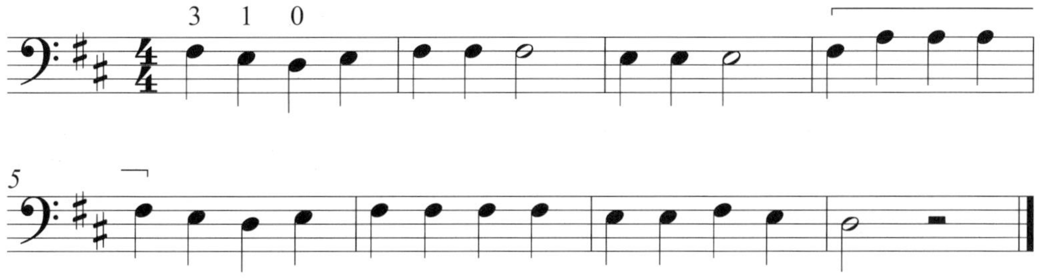

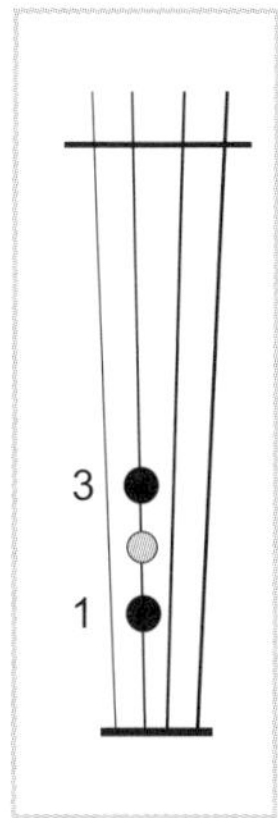

Lasse an den gekennzeichneten Stellen die Finger auf der D-Saite liegen, während Du die A-Saite spielst. Achte darauf, dass Deine Finger einen Tunnel über der A-Saite bilden und diese nicht berühren.

Mary hat ihr Lamm verlor'n

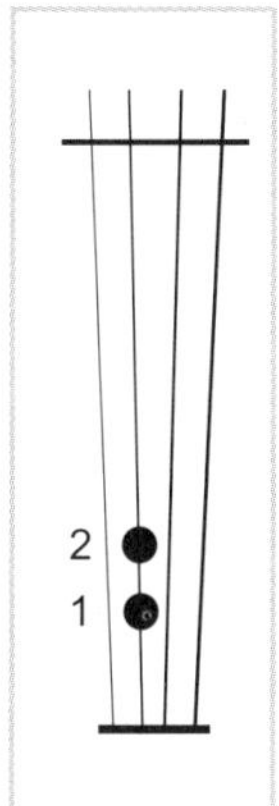

Übung

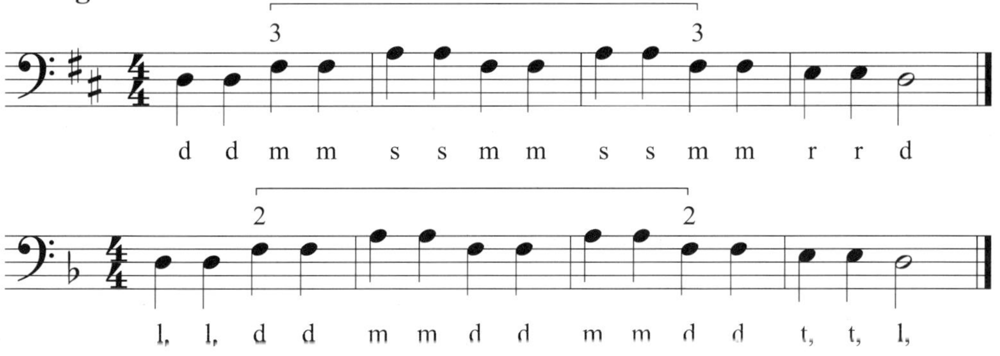

Jetzt kannst Du auch das Lied von den „Süßen Drops" in Moll singen und spielen. Singe es zuerst mit Solmisationssilben, dann mit dem Text der „Sauren Drops".

Saure Drops

M: Amerik. Volksweise, T: B./P. Boch © 2008 Schott Music GmbH & Co. KG, Mainz

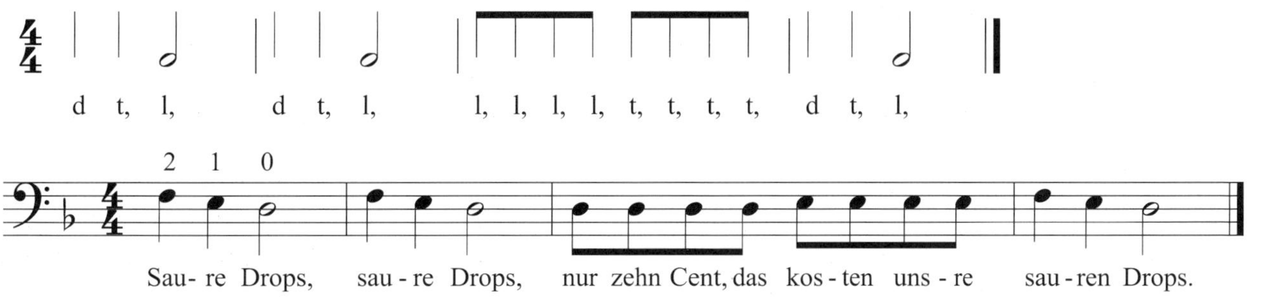

Vorübungen für Open Strings

Für euer erstes Konzert braucht ihr Konzertstücke. Nach den folgenden Übungen werden die „Open Strings“ sicher schnell gelingen!

1. Zupfe zunächst mit dem Zeigefinger der rechten Hand. Zum Training der Fingerkraft zupfe dann auch mit dem angegebenen Fingersatz mit den Fingern der linken Hand. Wenn Du das kannst, wechsle nach jeder zweiten Note die Position wie beim Pizzataxi (⇨ S. 18).

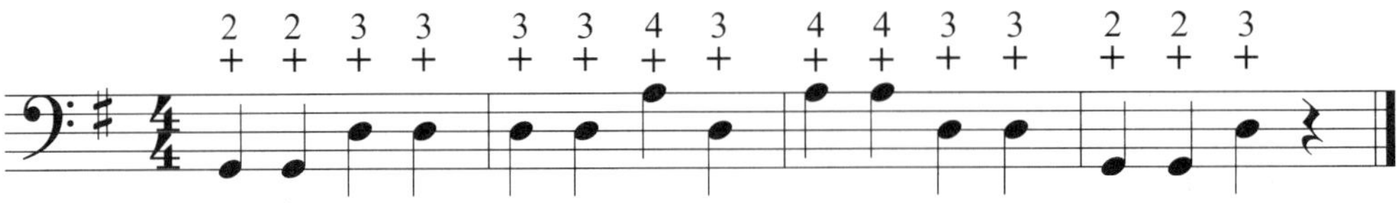

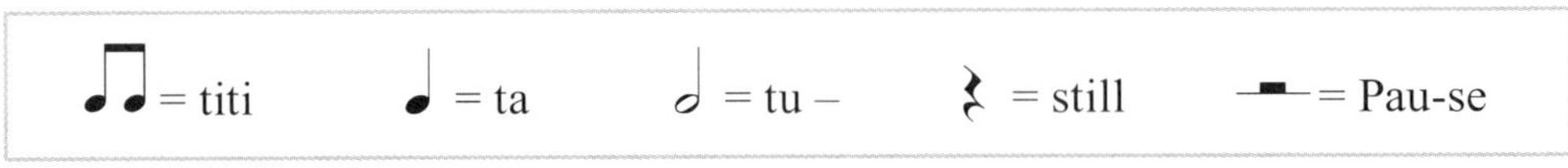

2. Übe zuerst den Rhythmus.

3. Sprich den Rhythmus mit den Saitennamen und zupfe ihn dann. Wenn Du ihn später streichst, achte auf die zurückgeholten Striche.

4. Eine kleine zweistimmige Rhythmusübung.

Dynamik

Musik kann leise und laut sein. Manchmal fängt ein Stück auch leise an und wird dann langsam lauter oder ein Stück wird am Ende immer leiser, bis man fast gar nichts mehr hört, so als ob die Musiker immer weiter weg gehen würden (⇨ auch S. 59).

Für all das gibt es in der Notenschrift spezielle Zeichen und Wörter, die aus dem Italienischen kommen, da Italien über lange Zeit das in der Entwicklung der Musik führende Land war. Ungefähr zwischen 1650 und 1800 spielten z. B. an allen europäischen Fürstenhöfen italienische Musiker eine wichtige Rolle – in den Orchestern und als Sängerinnen und Sänger in der Oper.

p (piano) bedeutet leise,

f (forte) bedeutet laut oder kraftvoll.

In England und Amerika heißen die leeren Saiten der Streichinstrumente *open strings*, also *offene Saiten*. Viel Spaß mit laut und leise bei den

Open Strings

Moderato *(heißt: gemäßigt, mäßig schnell)*

Tipp: Achte beim Zupfen und beim Streichen darauf, dass Dein linker Arm sich auf die verschiedenen Saitenebenen einstellt.

Wenn Du in den Takten 17 – 20 die Viertel zupfst, kannst Du während der Viertelpause mit der ganzen Hand einen kleinen Kreis über den Saiten beschreiben. Übe folgende Bewegungsübung auch mit einer größeren Bewegung, da Du sie später oft gebrauchen wirst.

Bewegungsübung

Zeichne mit der rechten Hand folgende Figuren in die Luft: Die Bewegungen sollen groß sein und aus dem ganzen Arm erfolgen.

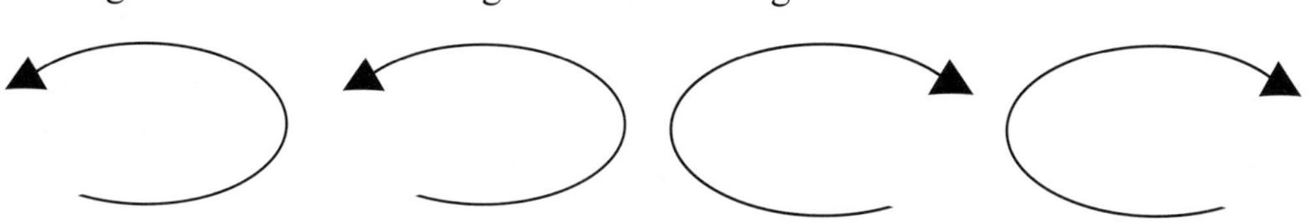

Erste Bogenstriche

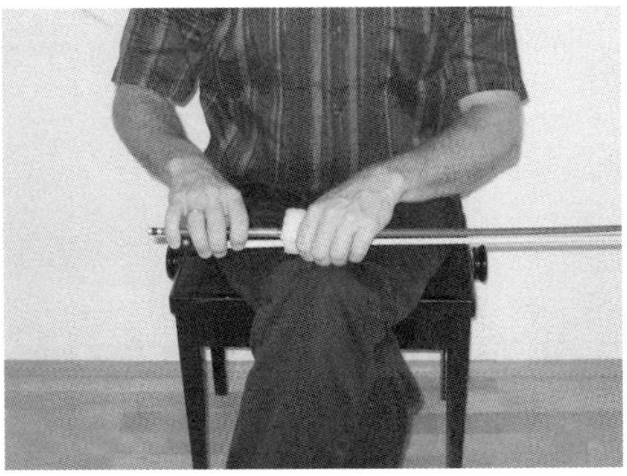

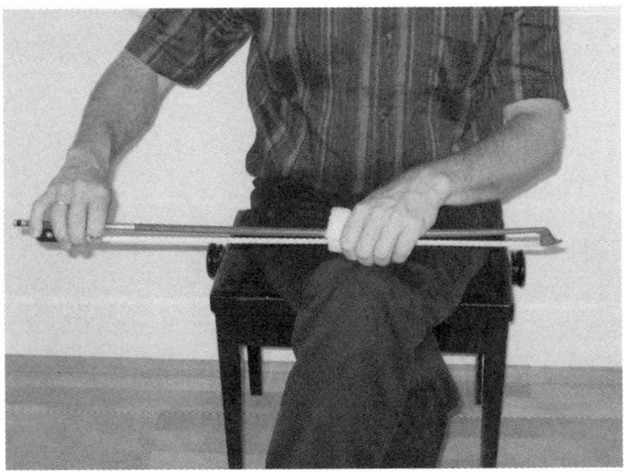

Vorbereitung des Bogenstrichs

Jetzt kannst du mit dem Bogen streichen. Eine kleine Vorübung und dann geht's los! Nimm den Frosch des Bogens in die linke Hand. Halte ihn über Deinem rechten Knie mit den Haaren zum Boden. Baue den Bogengriff an der unteren Markierung auf. Fahre mit dem aufgebauten Bogengriff zwischen der unteren und der oberen Markierung langsam auf und ab. Achte darauf, dass alle Finger einen guten Kontakt zur Bogenstange haben (⇨ Fotos S. 46).

Streichen durch die Röhre

Um einen geraden, schönen Bogenstrich ausführen zu können, hilft Dir das Streichen durch die Röhre. Schlage das linke Bein über das rechte, wie auf den Fotos. Halte eine Papprröhre mit der linken Hand auf dem rechten Knie und führe den Bogen durch die Röhre. Bewege den Bogen in der Röhre hin und her. Dabei hebt und senkt sich der Oberarm leicht.

Wenn Du mit dem Frosch voran streichst, nennt man das Abstrich, streichst Du mit Spitze voran, spricht man von Aufstrich. Streiche zuerst nur Viertel im mittleren Bogendrittel. Wenn Du neben den Vierteln auch Achtelnoten spielst, nimm für die Achtel nur halb soviel Bogen wie für die Viertel. Streiche folgende Rhythmen. Beginne immer mit Abstrich.

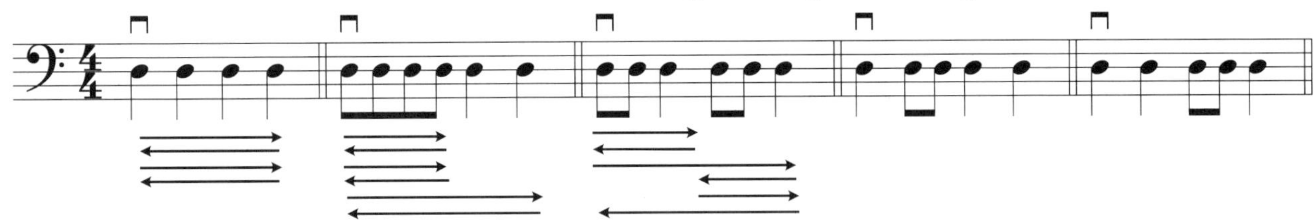

Die Pfeile verdeutlichen, in welche Richtung sich Deine Hand mit dem Bogen bewegt. Dieses Hin- und Herstreichen nennt man **détaché** (*franz.* getrennt).

Aufbau des Bogens am Instrument

Nimm Dein Instrument in Spielposition. Nimm Deinen Bogen in der Bogenmitte in die linke Hand und lege ihn auf die G- und D-Saite. Fahre mit der rechten Hand am Bogen entlang zum Frosch und baue den Bogengriff so auf, wie Du es gelernt hast.

Zeichen für **Abstrich**: ⊓ und **Aufstrich**: V

Erste Striche

Spiele zuerst nur ganz kurze Striche von etwa drei bis vier Zentimetern in der Mitte des Bogens. Die Striche werden aus dem ganzen Arm ausgeführt. Hebe den Oberarm beim Abstrich und senke ihn beim Aufstrich, so dass eine kleine Schaukelbewegung aus der Schulter entsteht. Spiele jetzt den „Orientalischen Tanz" (⇨ S. 7) mit kurzen Strichen auf der D-Saite. Spiele dann mit etwas mehr Bogen zwischen unterer und oberer Markierung die anderen Tänze (⇨ S. 7) **con arco** (*ital.* mit dem Bogen). Achte darauf, dass sich dabei der Ellbogen leicht öffnet und schließt. Streiche die Rhythmen von S. 12 auf der D-Saite. Achte auf die Bogeneinteilung und auf einen schönen Klang. Jetzt streiche „Von allen Saiten" und „Praeludium" (⇨ S. 19). In den Pausen führt der Arm den Bogen zur neuen Saite.

Der Dreivierteltakt – 3/4

Wenn Du die dritte Aktion des Viervierteltaktes weglässt, entsteht eine Taktfigur, die nur eine Betonung hat. Der Dreivierteltakt hat nur eine betonte Zählzeit auf der 1 des Taktes. Im Dreivierteltakt stehen Tänze wie z. B. der Walzer oder das Menuett.

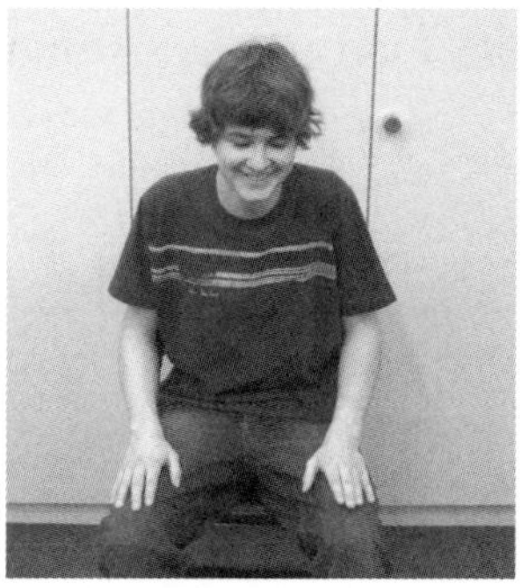

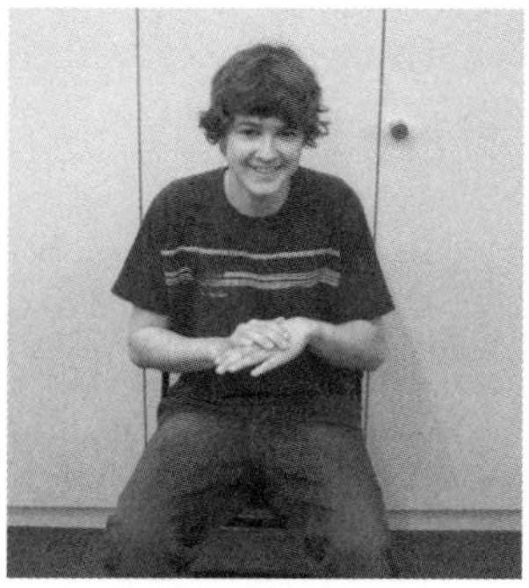

Sprich die Rhythmen zunächst mit dem Grundschlag, dann auch mit der Taktfigur. Danach zupfe sie auch auf den angegebenen Saiten.

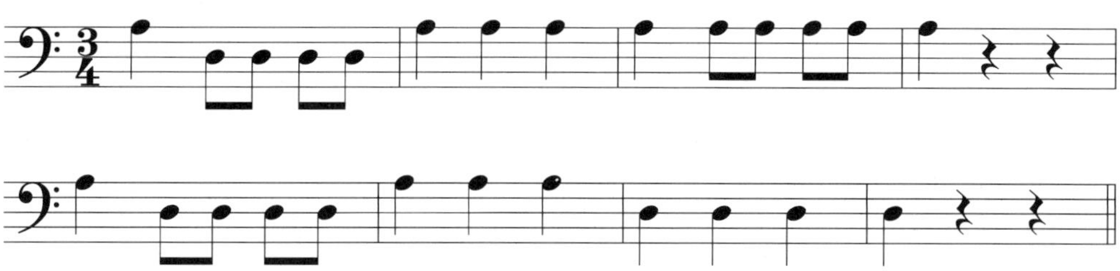

Menuett mit Oktaven

Das Menuett ist ein alter Tanz, der im Barock (1600 – 1750) an den Fürsten- und Königshöfen Europas sehr beliebt war. Er wurde mit würdevollen Schritten in einem recht langsamen Tempo im 3/4-Takt getanzt. Später wurde das Menuett auch Teil großer Orchesterkompositionen als 3. Satz einer Sinfonie.

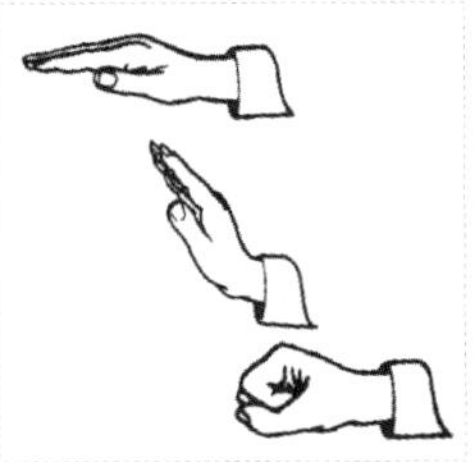

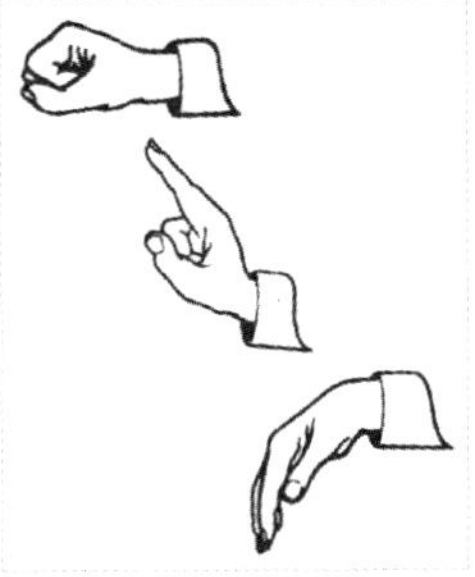

Warum braucht man Vorzeichen?

Wenn ihr das Lied von den „Süßen Drops“ singt, verwendet ihr immer die gleichen Silben mi, re, do, egal ob ihr das Lied höher oder tiefer singt, denn die Melodie besteht aus zwei Ganztonschritten. Daher greift ihr auf jeder Saite 3 1 0. Weil die Melodie der „Süßen Drops“ auf do endet ist sie eine Melodie in Dur.
In der Stammtonreihe liegen über c die Ganztonschritte c – d und d – e, über g liegen die Ganztonschritte g – a und a – h. Also könnt ihr das Lied auf der C- und G-Saite mit Stammtönen spielen.

C-Saite

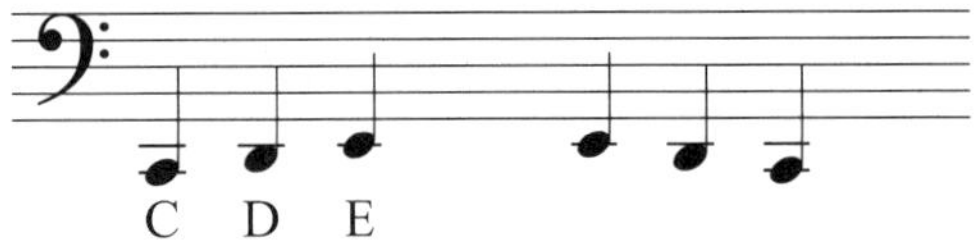

G-Saite

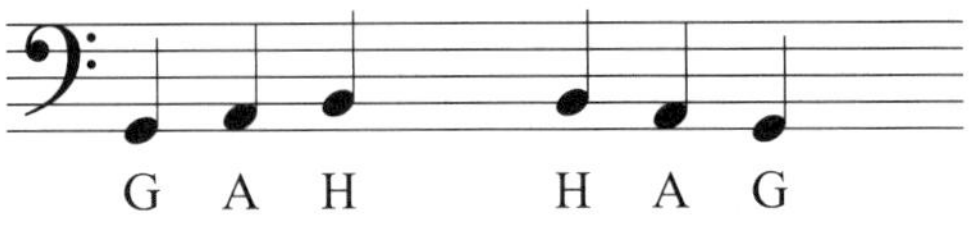

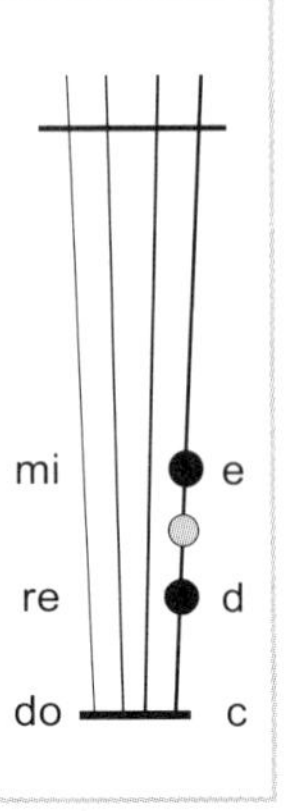

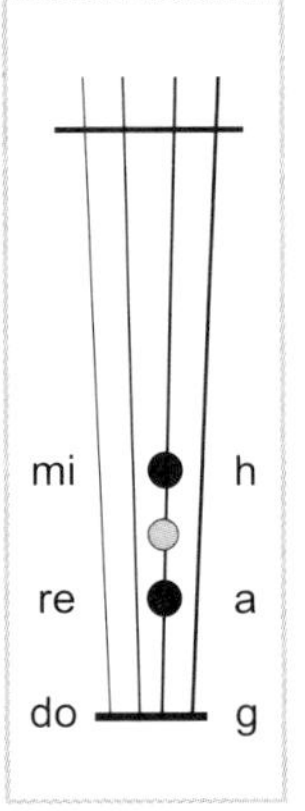

Über d liegen in der Stammtonreihe der Ganztonschritt d – e und der Halbtonschritt e – f, über a liegen der Ganztonschritt a – h und der Halbtonschritt h – c. Die Halbtonschritte e – f und h – c müssen für die „Süßen Drops“ also zu Ganztonschritten verändert werden, indem f bzw. c um einen Halbton erhöht werden. Das geschieht in der Notenschrift durch ein ♯ (***Kreuz***), das vor die Note gesetzt wird. Der Ton ♯ f heißt dann fis und der Ton ♯ c heißt cis. Die „Süßen Drops“ sehen in Notenschrift also jetzt so aus:

D-Saite

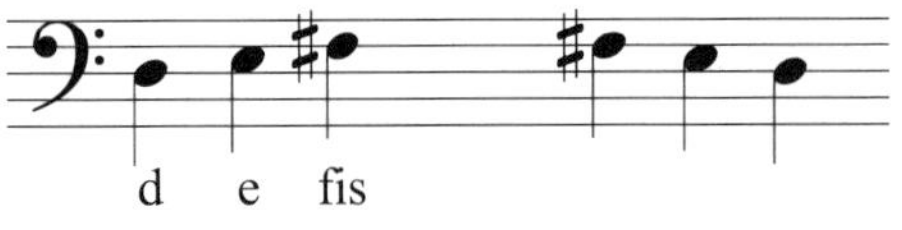

A-Saite

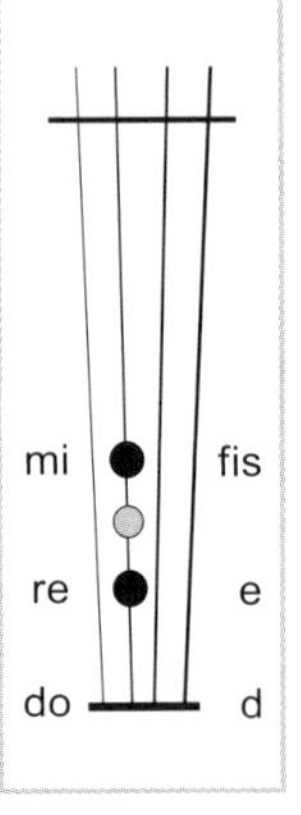

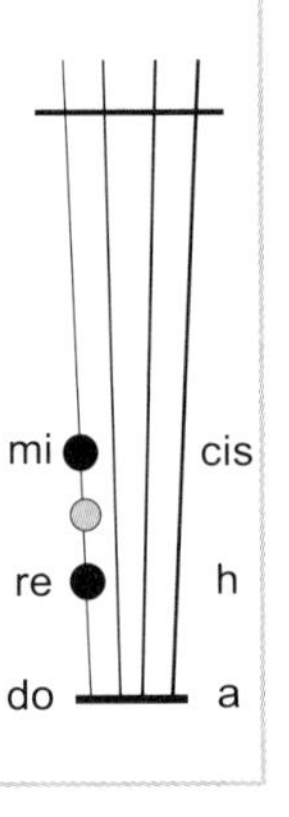

Vorzeichen

♯ Ein Kreuz erhöht den Stammton um einen Halbton.

♭ Ein B erniedrigt den Stammton um einen Halbton.

♮ Das Auflösungszeichen hebt die Wirkung eines Vorzeichens auf.

Wenn ihr das Lied von den „Sauren Drops“ singt, verwendet ihr die Solmisationssilben do, ti la. Die Melodie besteht also aus einem Halbtonschritt und einem Ganztonschritt. Daher greift ihr auf jeder Saite 2 1 0. Weil die Melodie der „Sauren Drops“ auf la endet, ist sie eine Melodie in Moll.
Über d liegen in der Stammtonreihe der Ganztonschritt d–e und der Halbtonschritt e–f, über a liegen der Ganztonschritt a–h und der Halbtonschritt h–c. Also könnt ihr das Lied auf der D- und A-Saite mit Stammtönen spielen.

D-Saite

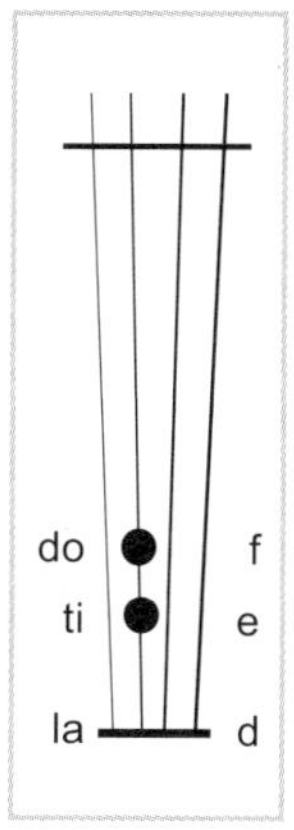

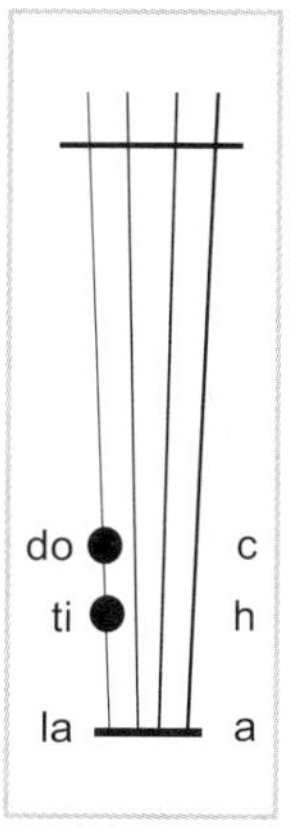

A-Saite

In der Stammtonreihe liegen über c die Ganztonschritte c–d und d–e, über g liegen die Ganztonschritte g–a und a–h. Die Ganztonschritte d–e und a–h müssen also zu Halbtonschritten verändert werden, indem e bzw. h um einen Halbton erniedrigt werden. Das geschieht in der Notenschrift durch ein ♭ (***Be***), das vor die Note gesetzt wird. Der Ton ♭ e heißt dann es und der Ton ♭ h heißt b. Die „Sauren Drops“ auf der C- und G-Saite sehen in Notenschrift also so aus:

C-Saite

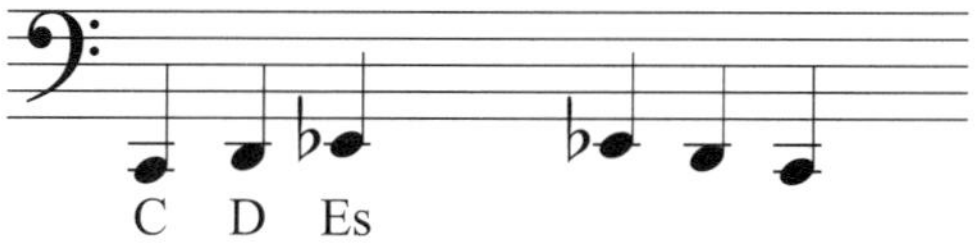

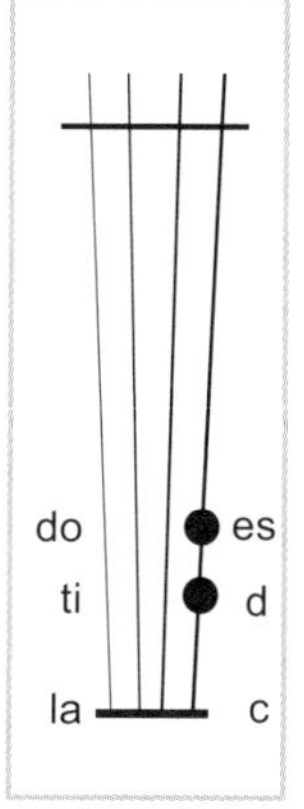

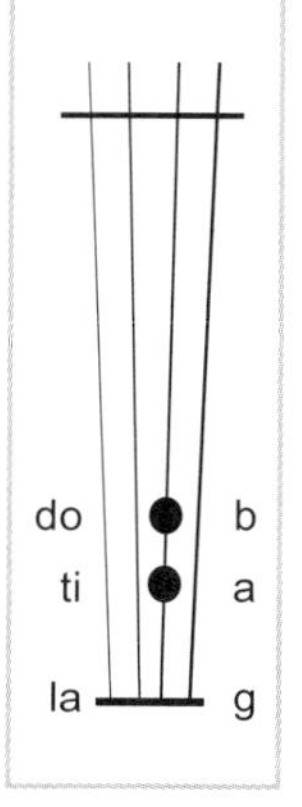

G-Saite

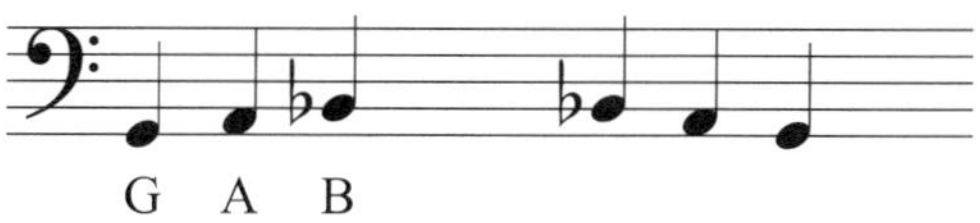

Übersicht

An den Namen des Stammtons wird bei einem vorangestellten ♯ die Silbe -is, bei vorangestelltem ♭ die Silbe -es angehängt. (Ausnahmen: Der Ton h wird zu b, a wird zu as, e wird zu es.)
Damit man sie unterscheiden kann, werden „eis“ und „ais“ e–is und a–is ausgesprochen.

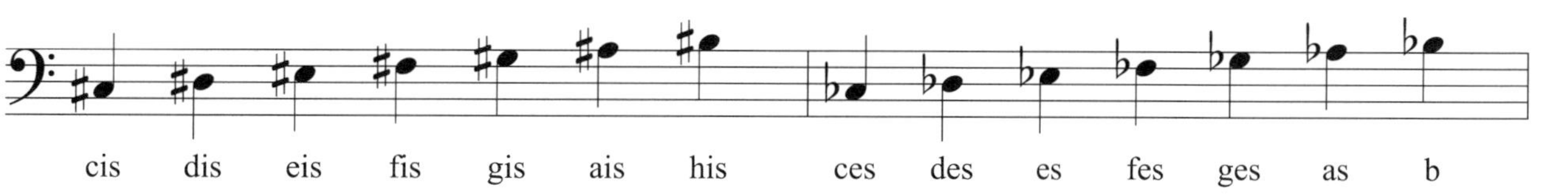

Bewegungsübungen 2

1. Setzte den Bogen auf die C-Saite, die tiefste Saite. Dein Arm sollte dabei auf einer Höhe mit der Bogenstange sein. Bewege den Bogen jetzt stumm über die G- und D-Saite zur A-Saite. Diese Bewegung wird durch ein Heben des Arms durchgeführt. Umgekehrt wird der Arm gesenkt, wenn Du von der höchsten zur tiefsten Saiten wechselst. Probiere diese Übung auch, indem Du den Bogen auf den Steg legst.

2. Setze den Bogen an der unteren Markierung auf die D-Saite zwischen Steg und Griffbrett, hebe ihn hoch und setze ihn wieder auf. Achte dabei darauf, dass Deine Finger nicht fest werden, sondern sich locker um Frosch und Bogenstange legen.

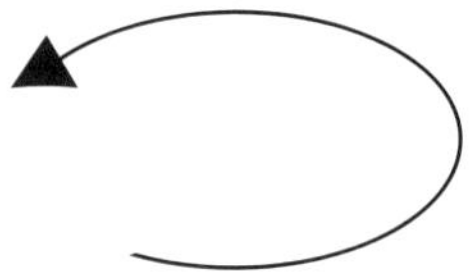

3. Spiele nun mehrere Abstriche ⊓ nacheinander. Erinnere Dich an die Bewegungsübung von Seite 29. Bevor Du den Strich beginnst, muss der Bogen auf die Saite gesetzt werden. Achte auf einen schön klingenden Ton. Diese Strichbewegung nennen wir **zurückgeholter Strich**. Wenn der Ton zu leise ist, füge mehr Gewicht hinzu (Pronation) und streiche dichter am Steg. Ist der Ton zu grob oder rau, nimm Gewicht heraus und streiche dichter am Griffbrett.
Begleite „Swanee River" mit zurückgeholten Strichen.

Swanee River

♩ = ta   𝄽 = still   ▬ = Pau-se

4. Zeichne die nebenstehende Bewegung mit dem Zeigefinger groß in die Luft. Bei der Bewegung nach rechts außen dreht sich der Unterarm mit der Hand ein, bei der Bewegung zurück dreht er sich wieder in die Ausgangsstellung. Setze Deinen Bogen an der unteren Markierung auf die D-Saite, spiele einen Abstrich im mittleren Drittel und beende den Strich an der oberen Markierung auf der A-Saite (dabei hebt sich der Arm). Wiederhole diesen Strich einige Male.
Jetzt beginne an der oberen Markierung im Aufstrich V. Beende den Strich an der unteren Markierung auf der G-Saite (dabei senkt sich der Arm).
Spiele jetzt auf der D-Saite hin und her. Mache die gleichen Bewegungen wie vorher, vermeide dabei auf die Nachbarsaiten zu kommen. Deine Hand bewegt sich jetzt, als ob sie den Mund eines Smileys zeichnet.

5. Achte beim Spielen von Rhythmen darauf, dass der letzte Ton schön ausklingen kann. Führe dafür die letzte Strichbewegung in der Luft weiter, als würdest Du einen zurückholten Strich ausführen. Höre, wie lang der Ton nachklingt, wenn der Bogen die Saite schon verlassen hat.

Endlich Lieder streichen

Streiche zunächst den folgenden Rhythmus auf der D-Saite. Achte dabei auf eine gute Cello- und Bogenhaltung.

Baue die Oktave mit G auf. Nimm den Bogen, stelle ihn mit der Schraube auf Dein Knie und baue den Bogengriff auf. Streiche die Oktave mit G, um die Intonation zu überprüfen.
Jetzt kannst Du auch die beiden Stimmen von „Ich hab' einen Nachbarn" auf der D-Saite streichen (⇨ S. 25). Besonders schön klingt es, wenn beide Stimmen gleichzeitig erklingen.
Spiele das Lied auswendig auch auf den anderen Saiten. Spiele jeweils die passende Oktave, um die Intonation zu kontrollieren. Nur auf der C-Saite kannst Du deine Hand nicht durch eine Oktave kontrollieren. Du kennst die Melodie aber jetzt schon so gut, dass Du sie auch so gut spielen kannst.
Streiche auch alle anderen Lieder, die Du bisher gezupft hast. Denke daran, immer zuerst den Rhythmus des Liedes auf leeren Saiten zu streichen.

Tipp: Damit Du das Notenlesen bald sicher beherrscht, lies zu Hause regelmäßig die Notennamen laut.
Gehe bei allen Liedern auf den nächsten Seiten folgendermaßen vor:

- Bekannte Lieder spiele erst pizzicato, also gezupft.
- Danach streiche den Rhythmus des Liedes auf der leeren Saite.
- Füge Greifen und Streichen zusammen.
- Neue Lieder solltest Du zunächst singend kennen lernen.

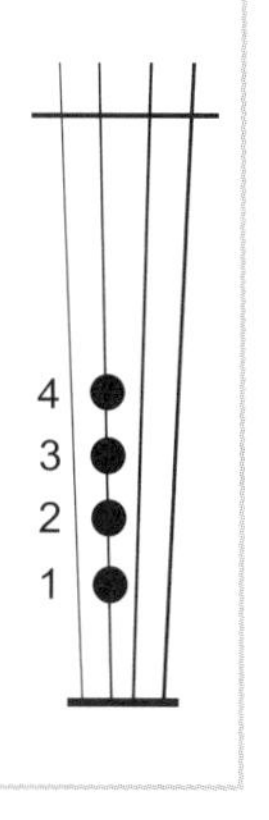

Lieder mit 4. Finger

In dem folgenden Lied kommt der 4. Finger dazu, den Du bei den Oktaven schon viel benutzt hast. Wenn Du den 3. Finger greifst, setze immer den 1. und 2. Finger mit auf.
Auch das „Gruseltierchen" kannst du auf die anderen Saiten übertragen.

Gruseltierchen

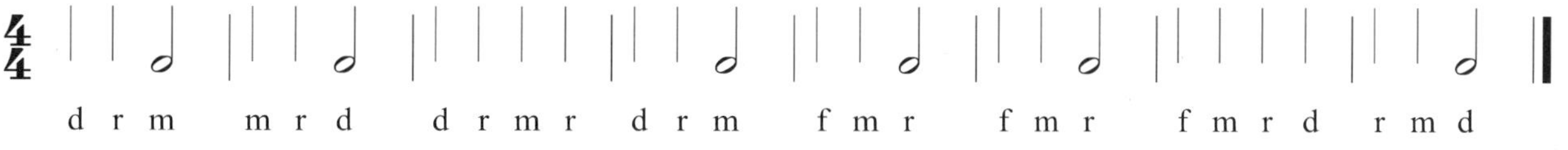

2. und 3. Finger

In den nächsten beiden Stücken „Tango" und „Spinnenpech" kommt sowohl der 2. als auch der 3. Finger vor.

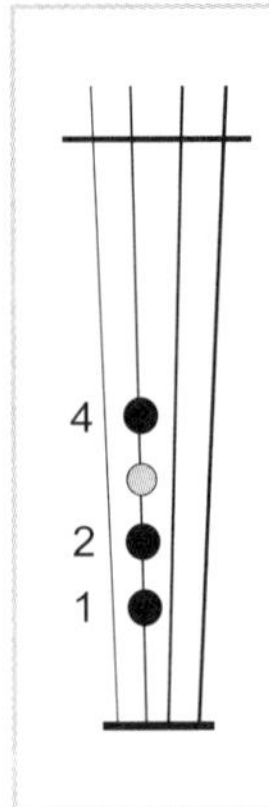

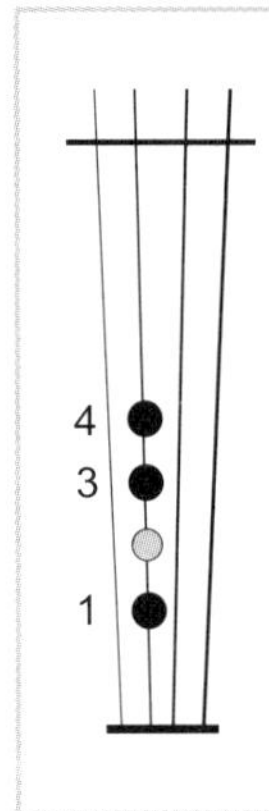

Da Du den Gebrauch des 2. Fingers noch nicht so oft geübt hast, hier noch zwei Vorübungen. Achte besonders darauf, dass der 4. Finger weit genug vom 2. Finger aufgesetzt wird. Hier soll ein Ganztonschritt erklingen.

> ***Wiederholung***
> Die beiden Kästen mit 1. und 2. bedeuten: Beim ersten Mal spielst Du Kasten 1., bei der Wiederholung überspringst Du Kasten 1. und spielst direkt Kasten 2.

1

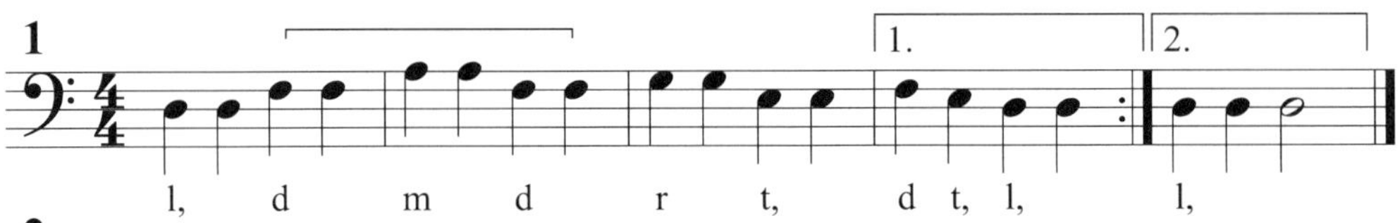

2

Im „Tango" kommt sowohl der Ton f als auch der Ton fis vor. Daher musst Du sowohl den 2. als auch den 3. Finger verwenden. Übe den Wechsel von 2. und 3. Finger einige Male stumm (⇨ S. 24).
Weil f zu fis verändert (alteriert) wird, wird auch die Solmisationssilbe von fa zu fi verändert.

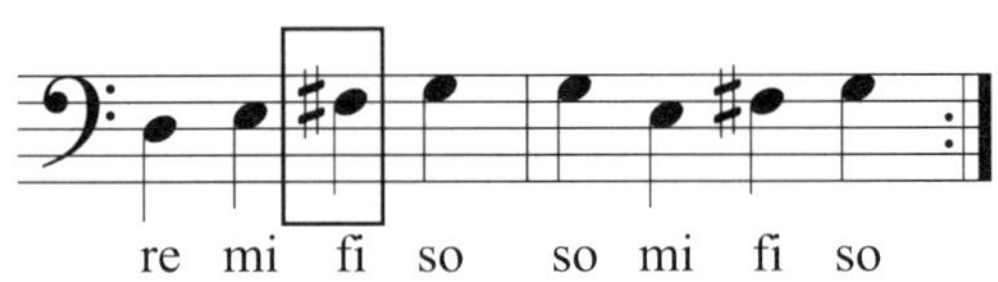

Den Rhythmus aus dem Tango kennst Du schon (⇨ S. 19). Übe ihn zuerst noch einmal mit der Rhythmussprache und zupfe ihn dann. Beim Streichen mit dem Bogen (con arco) musst Du gut darauf achten, ob der Bogen zwischen zwei aufeinanderfolgenden Abstrichen zurückgeholt wird oder ob Du hin und her streichst.

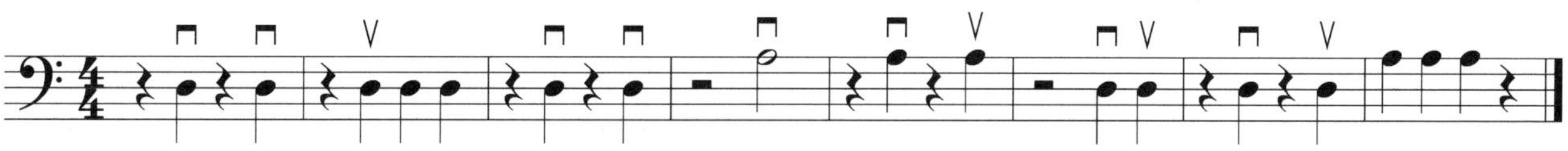

Tango

M: B./P. Boch

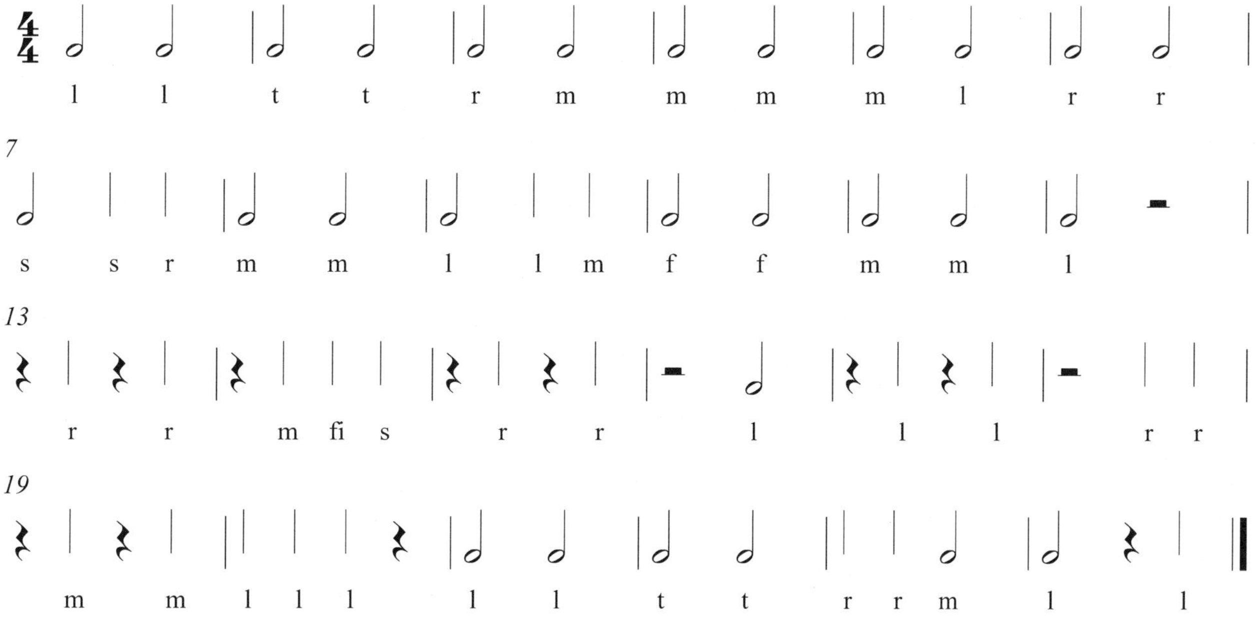

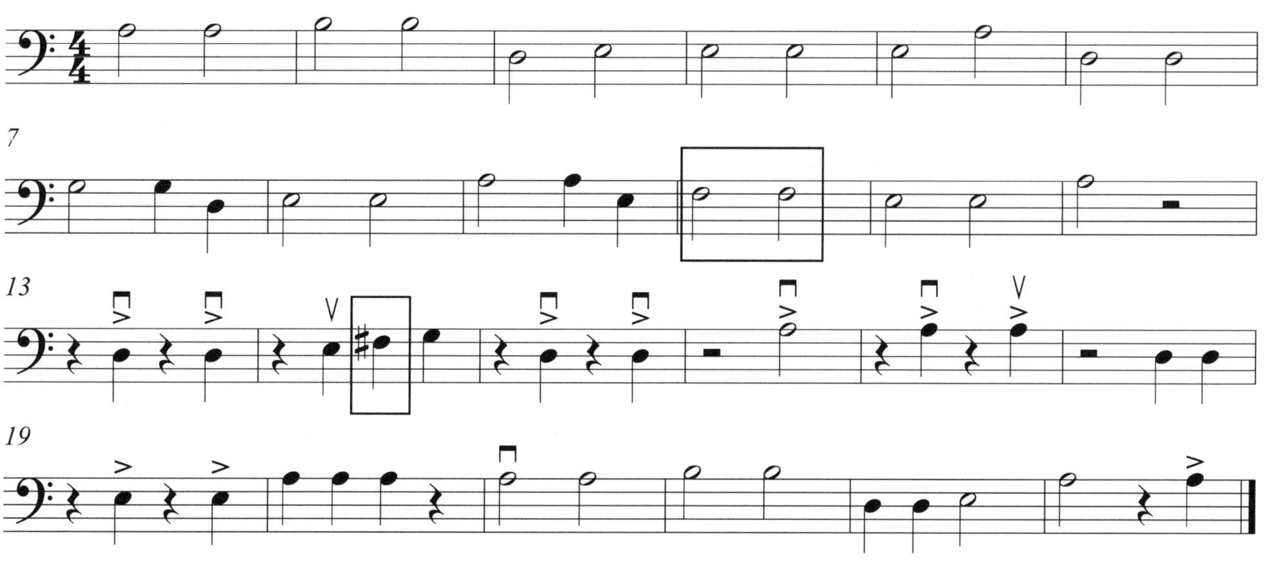

Gute Bogenhaltung

Während die Geigen und Bratschen die normale Bogenhaltung lernen, kannst Du einige Übungen wiederholen für eine gute Bogenhaltung.

• Rolle den Bogen oft mit dem Daumen. Mittelfinger, Ringfinger und kleiner Finger bleiben immer locker am Frosch liegen und unterstützen so die Drehbewegung des Frosches. Die Übung fördert die Beweglichkeit und Deine Hand verkrampft nicht.

• Trainiere auch immer wieder die *Horizontale Wippe* (⇨ S. 24), um den Bogen in alle Richtungen bewegen zu können. Streiche jetzt „Praeludium“ und „Open Strings“ (⇨ S. 19) und achte besonders auf eine gute Bogenhaltung.

Das zweite Bogendrittel

Im ersten Bogendrittel hast Du bisher schon viele leere Saiten gestrichen. Jetzt lernst Du das zweite Bogendrittel kennen (⇨ S. 22), von der unteren Markierung bis zum Frosch, denn mit viel Bogen klingt alles viel schöner.

1. Streichen durch die Röhre: Halte Deinen Bogen in der normalen Bogenhaltung und streiche Rhythmen durch die Röhre vom Frosch bis zur oberen Markierung. Dein Oberarm muss am Frosch gut zum Körper fallen, damit der Strich gerade bleibt.
2. Setze den Bogen am Frosch auf die D-Saite. Führe ihn durch die Luft zur unteren Markierung, setze ihn dort auf und führe ihn dann durch die Luft bis zur oberen Markierung. Setzte ihn dort wieder auf und führe ihn dann zur unteren Markierung und zum Frosch zurück. Lande immer auf der gleichen Stelle der Saite.
3. Wiederhole 2., aber spiele an jeder Aufsetzstelle einen kleinen Strich.

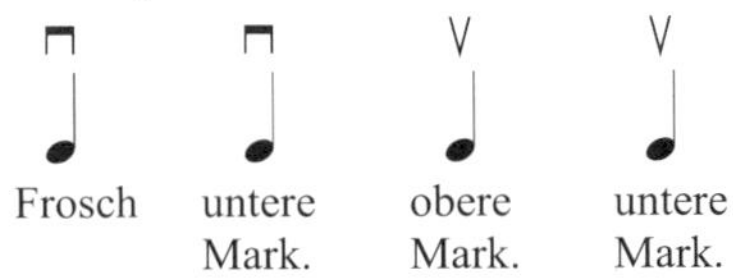

4. Erwandere die beiden Bogendrittel, indem Du am Frosch startest. Streiche mit kurzen Strichen hin und her, wobei die Abstriche immer etwas länger als die Aufstriche sind. Dadurch wandert die Strichstelle langsam zur Spitze. Achte auf eine lockere Bogenhaltung.

Spinnenpech

Um im Notenlesen weiter Sicherheit zu gewinnen, denke daran, die Notennamen zu lesen.

Der Bogen wird länger

Spiele folgende Rhythmen zunächst im ersten Bogendrittel, also in der Mitte des Bogens. Denke daran, die Rhythmen zum Grundschlag zu sprechen bevor Du streichst. Beginne immer im Abstrich.
Verlängere dann den Teil des Bogens, mit dem Du streichst, indem Du das Drittel von der unteren Markierung bis zum Frosch hinzunimmst.

1 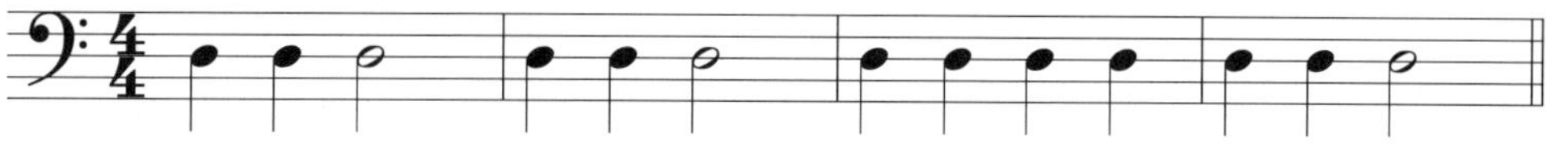

2 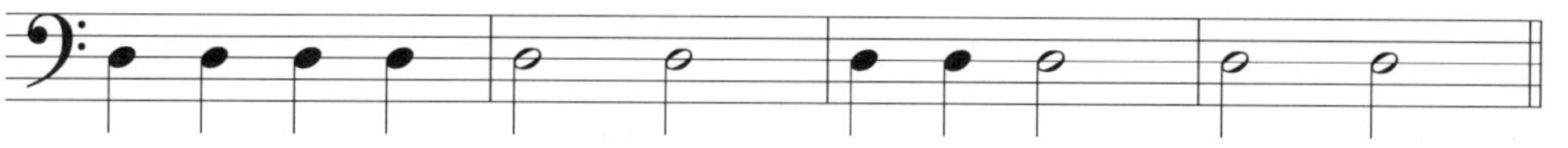

3 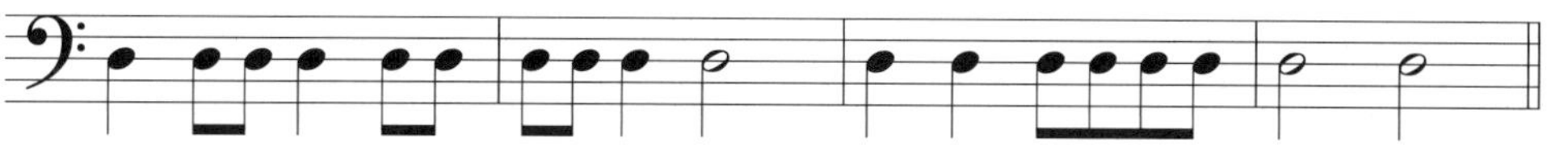

4 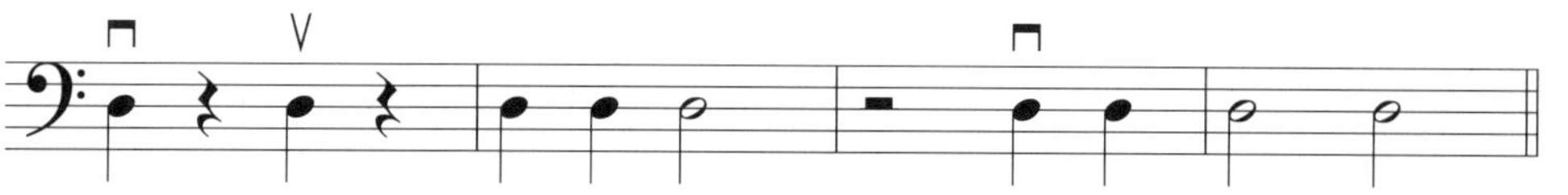

5 

Tipps für die Bogeneinteilung

Zu 1: Nimm für die Viertelnoten ein Drittel des Bogens und für die Halben Noten zwei Drittel des Bogens. Beginne am Frosch.
Dieser Rhythmus beginnt mit einem Wechselstrich, d.h., im ersten Takt spielt man die Viertelnoten im zweiten Bogendrittel, im zweiten Takt im ersten Bogendrittel.

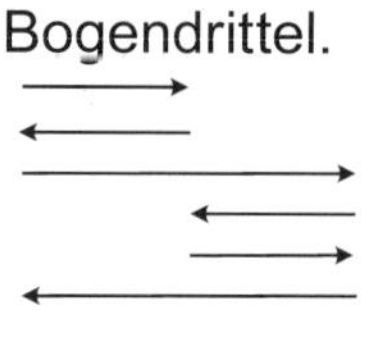

Ab Auf im unteren Drittel
Abstrich vom Frosch bis zur oberen Markierung
Auf Ab im mittleren Drittel
Aufstrich von der oberen Markierung bis zum Frosch

Zu 3: Die Achtel werden mit halb so viel Bogen gespielt wie die Viertel und die Halben mit doppelt soviel wie die Viertel, auch hier entsteht ein Wechselstrich. Beginne an der unteren Markierung.
Zu 4: Achte auf den zurückgeholten Strich im dritten Takt.

Fliegendes Pizzicato

Ein spaßiger Begriff, aber eine tolle Übung: Damit Du Dich beim Cellospielen wohlfühlen kannst, sollte der ganze Körper beteiligt sein. Schau Dir die Profis an, sie bewegen sich natürlich und stehen nicht stocksteif. Dein Lehrer zeigt Dir, wie diese Übung funktioniert.

Bindungen oder legato
Wenn zwei Noten wie in folgendem Notenbeispiel mit einem Bindebogen verbunden sind, spielt man sie mit einem durchgehenden Bogenstrich, also auf einem Abstrich oder einem Aufstrich, ohne den Bogen anzuhalten und die Strichrichtung zu wechseln. Diese Strichart heißt **legato**.

Saitenwechsel im Legato

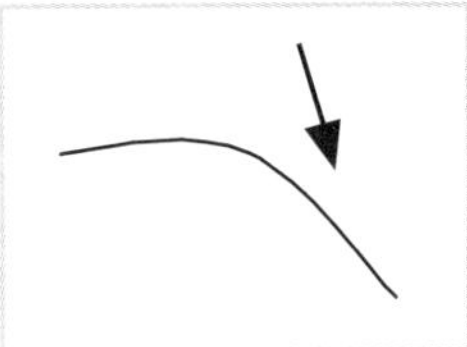

Der Arm senkt sich, wenn Du zur D-Saite wechselst. Wenn Du zur A-Saite zurückgehst, hebt sich der Arm wieder.

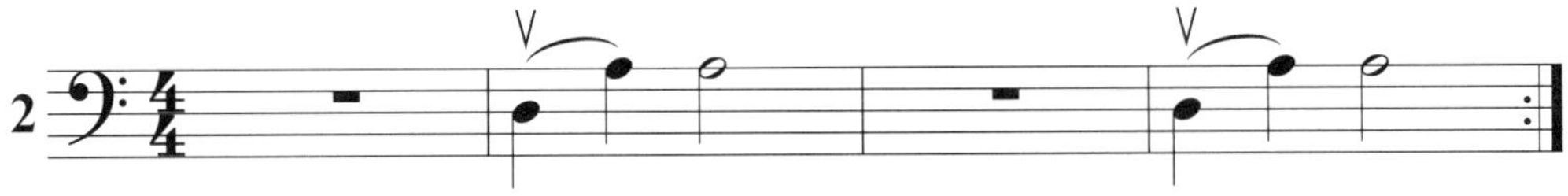

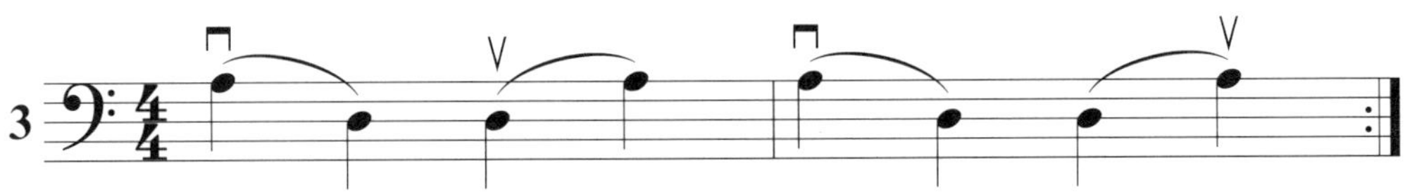

Spiele diese drei Übungen auf allen drei Saitenpaaren: C–G, G–D und D–A. Begleite den „Chinesischen Tanz“ mit dem legato-Saitenwechsel der 3. Übung (⇨ S. 41).
Die Stimme der Klasse 2 soll im **fliegenden pizzicato** gespielt werden.

Chinesischer Tanz

Bei den folgenden Übungen hebt und senkt sich Dein Arm genau anders herum als in den Übungen auf Seite 40.

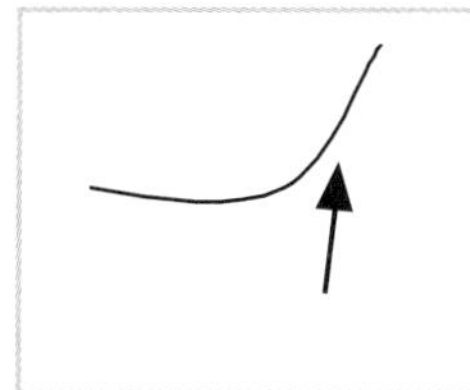

1
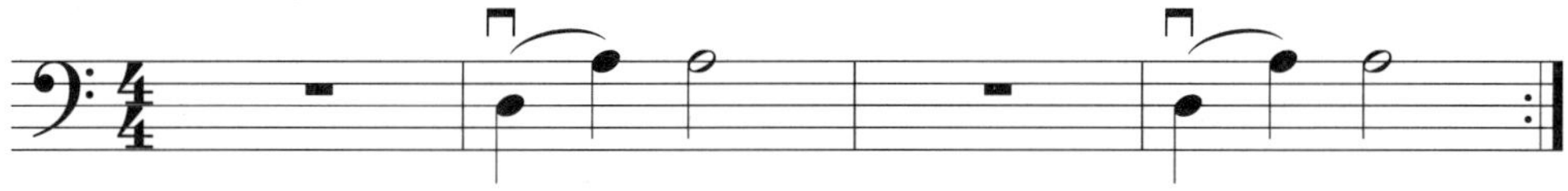

2

3
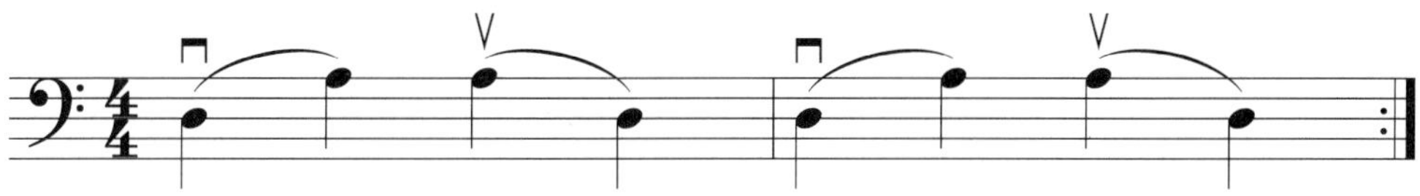

Spiele das „Praeludium“ (⇨ S. 19) mit gebundenen Saitenwechseln.

Gebundene Oktaven

Spiele die Oktaven von Seite 22/23 nun legato. Spiele auch die folgende Übung dann auf allen Saitenpaaren.

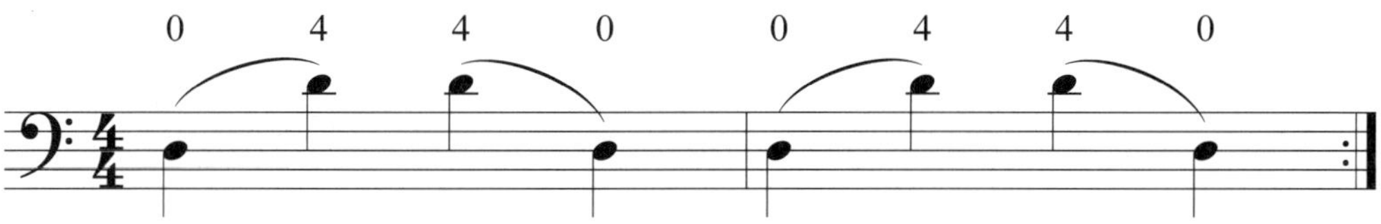

Oktavenboogie

Musik – Theater

Spiele die folgenden drei Stücke in zwei Bogendritteln. Achte auf die Intonation und lies bewusst die Notennamen. In einem Konzert kannst Du sie nacheinander spielen. Dazu könnten die Zuhörer sich folgende kleine Szene vorstellen: Zuerst kommen die Musiker hinter dem Vorhang auf die Bühne, dann öffnet sich der Vorhang und ein chinesisches Schattenspiel beginnt. Ein großer Papierdrache erscheint als Schatten auf einer Leinwand.
Spiele folgende Übung, damit Du die Bogeneinteilung sicher beherrscht.

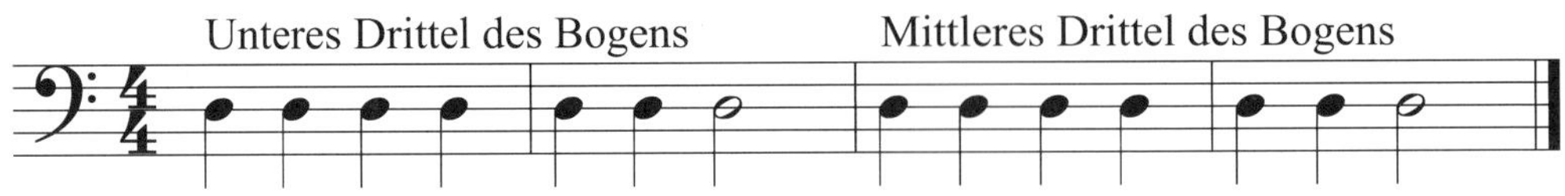

Auf die Bühne

Vorhang auf

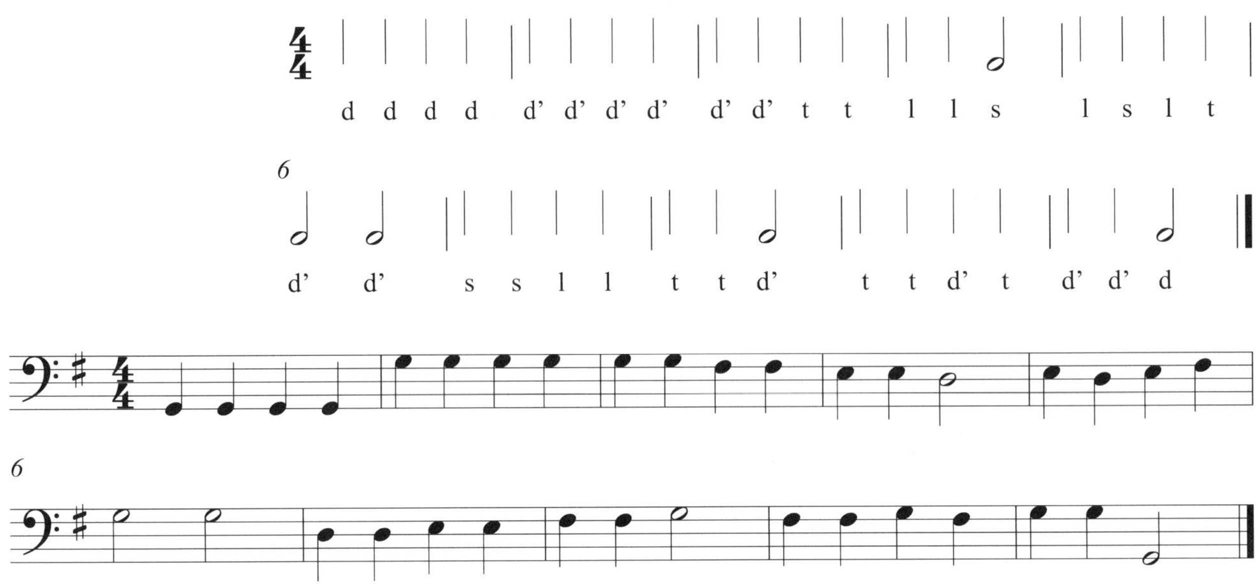

Legato auf einer Saite

Gebundenen Saitenwechsel kannst Du schon. Jetzt werden die Töne auf einer Saite gebunden, man spielt also legato auf einer Saite.
Du spielst hier nur mit dem 1. Finger und den leeren Saiten. Achte auf eine gute Saiteneinstellung mit dem rechten und linken Arm, wenn die Saite gewechselt wird. Du hast diese Bewegung des linken Arms beim Harfenpizzicato geübt.

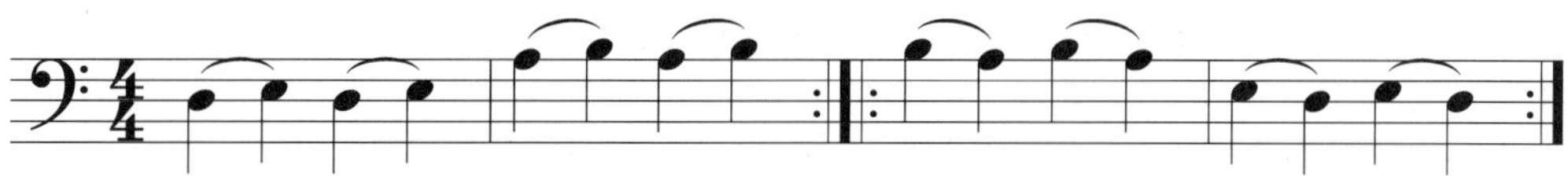

Schattenbilder

Ungarischer Kanon

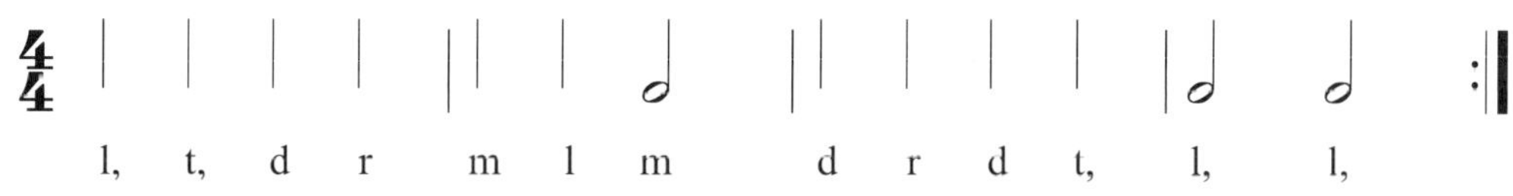

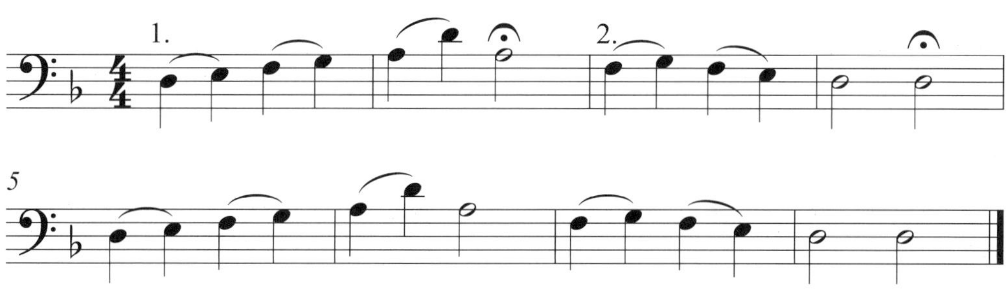

Der 4. Finger und Saitenwechsel

In den folgenden Übungen wirst Du den Wechsel vom 4. Finger auf die darüber liegende leere Saite und zurück trainieren. Versuche mit einer möglichst runden und weichen Saitenwechselbewegung zu erreichen, dass die leere Saite sich klanglich in die Melodie einfügt. Lasse die Finger auf der D-Saite liegen, während Du die A-Saite streichst.

Spiele diese Übungen zunächst wie notiert auf der D- und A-Saite, dann aber auch auf allen anderen Saitenpaaren Deines Cellos. Die leere Saite ist dann immer do und Du weißt, wie die anderen Töne klingen müssen.

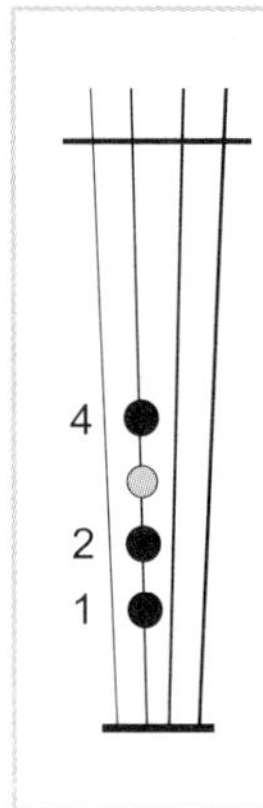

1

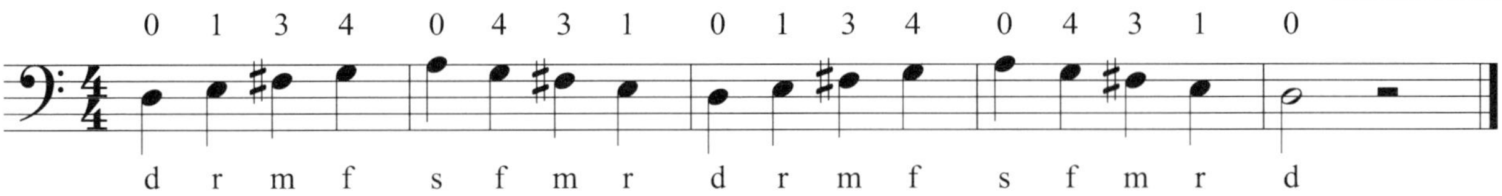

2

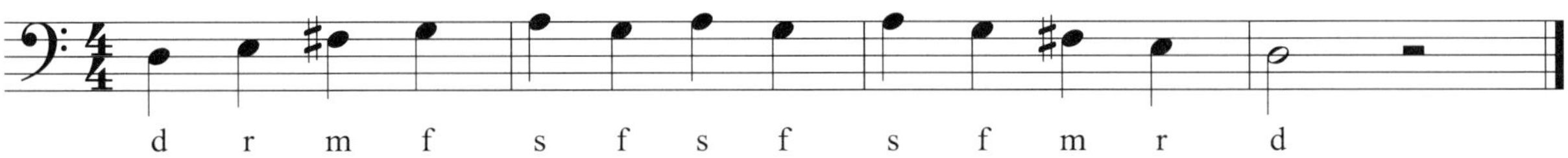

Schreibe die erste Melodie auf den anderen Saiten auf.

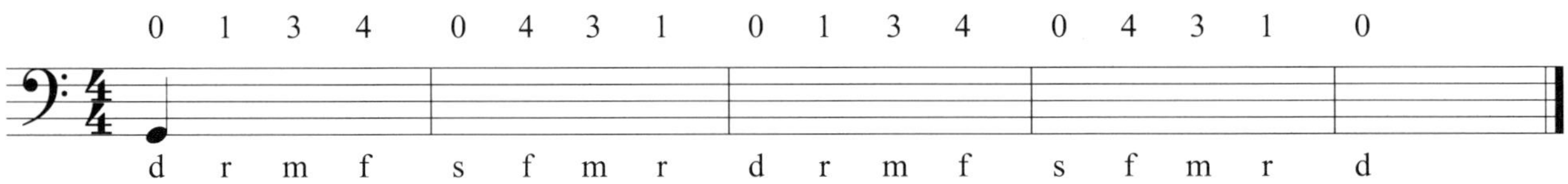

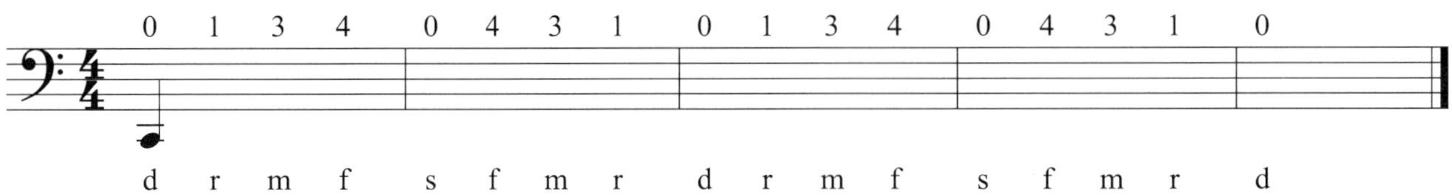

Spiele „Marys Lamm“ jetzt mit besonders weichen Saitenwechseln.

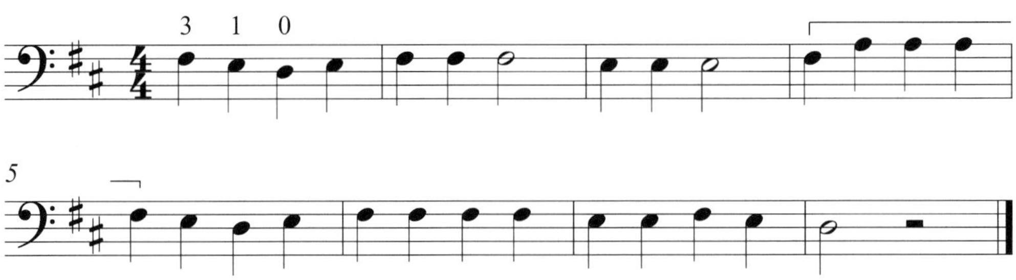

Morgen kommt der Weihnachtsmann

Diese Melodie ist ein altes französisches Kinderlied. Wolfgang Amadeus Mozart (1756 – 1791) machte sie durch eine Klavierkomposition, die aus Variationen über das Lied besteht, sehr bekannt.

Nicht ganz einfach ist der Übergang vom zweiten zum dritten Takt, weil Du gleichzeitig alle vier Finger auf die neue Saite setzen musst. Während Du die leere A-Saite spielst, müssen sich Arm und Finger schon auf die D-Saite einstellen.

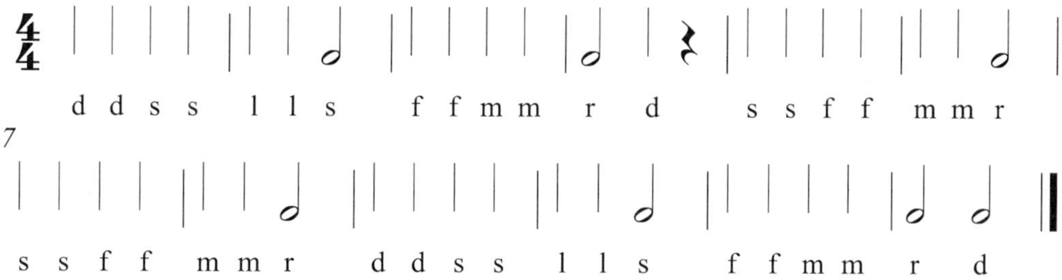

M/T: Volksweise

Jingle Bells

James Lord Pierpont (1822-1893)

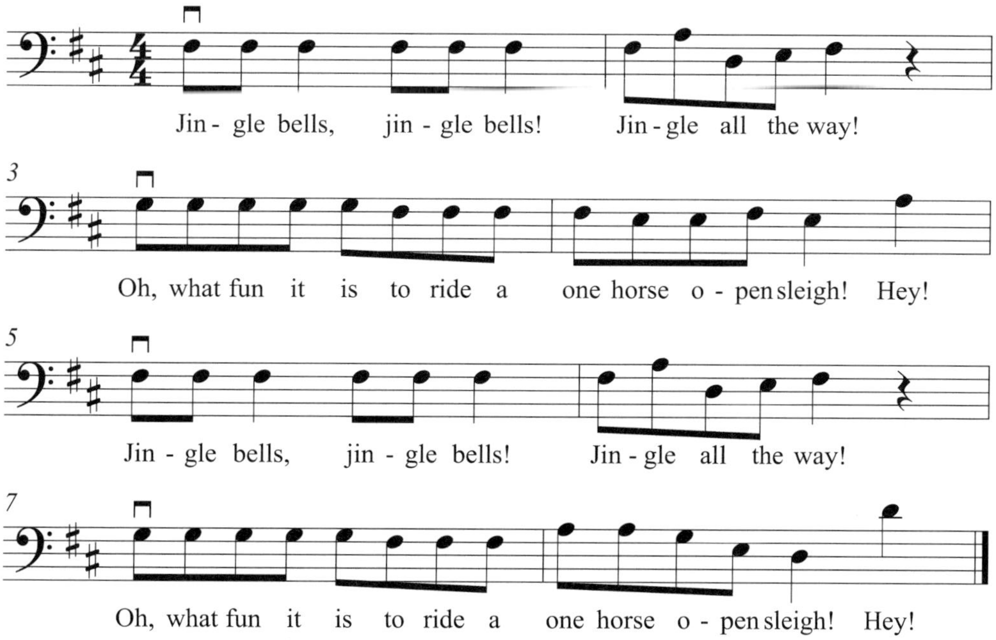

Der ganze Bogen und neue Stricharten

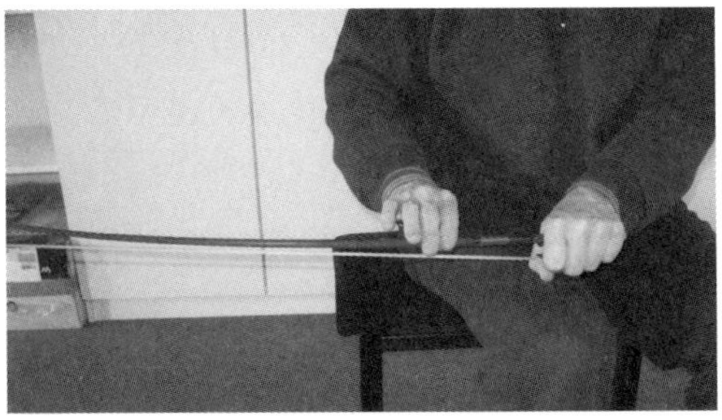

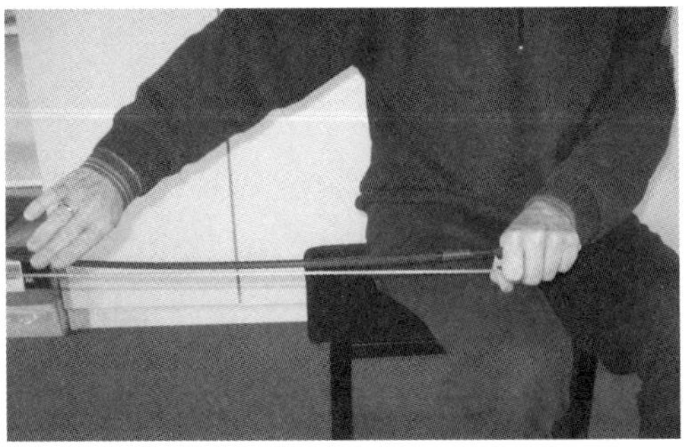

Bewegungsübungen 3

1. Nimm Deinen Bogen und halte ihn wie auf dem Foto am Frosch mit den Haaren nach unten vor Deinen Körper. Die Spitze zeigt nach rechts. Setze Deine Faust mit dem Bogen auf Dein rechtes Knie. Lege nun Zeigefinger und Mittelfinger im zweiten Gelenk auf die Bogenstange,
2. Wiederhole diese Übung aber füge eine kleine Unterarmdrehung hinzu. Wenn Du zur Spitze fährst dreht sich Dein Unterarm so, als ob Du ein Glas ausschütten wolltest. Wenn Du zurückfährst dreht er sich wieder zurück. Erinnere Dich an den Smiley-Strich (⇨ S. 34).
3. Streichen durch die Röhre: Nimm die Röhre in die linke Hand. Führe den Bogen in die Röhre ein und streiche einen Abstrich von der oberen Markierung bis zur Spitze. Streiche verschiedene Rhythmen (⇨ S. 13, Wecker-Rap) im oberen Drittel.
4. Setze den Bogen auf und forme stumm ein X an verschiedenen Stellen des Bogens.

Spiel in allen Dritteln!

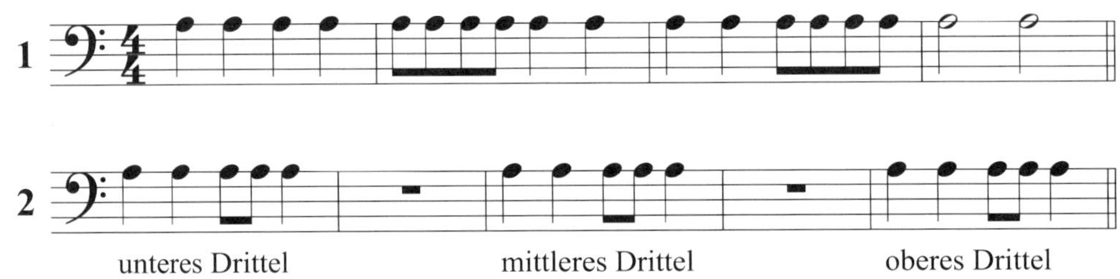

Spiele diese Übung nacheinander im unteren, mittleren und oberen Bogendrittel und auf allen Saiten. Wenn Du fit bist, kannst Du auch innerhalb eines Durchgangs nach jedem Takt die Saite wechseln.
Achte beim Beenden eines Taktes darauf, dass Du den Bogen von der Saite nimmst und den Abstrich wie beim zurückgeholten Strich (⇨ S. 34) in der Luft fortführst. Höre darauf, wie die Saite weiter klingt.
Spiele jeden Takt aus 1 in der Art der 2. Übung. Dabei führst Du die Aufstrichbewegung weiter.

Streichen mit dem ganzen Bogen

h.B. = halber Bogen
g.B. = ganzer Bogen
o.H. = obere Hälfte
u.H. = untere Hälfte
Sp. = Spitze
Fr. = Frosch

Beguine

Spiele die Ganzen Noten mit Ganzbogenstrichen.

Spiele bekannte Lieder wie „Ich hab einen Nachbarn“ (⇨ S. 25) und „Mary’s Lamm“ (⇨ S. 27) jetzt mit dem ganzen Bogen, indem Du für die Viertel den halben Bogen und für die Halben den ganzen Bogen nimmst. Du wirst schnell hören, dass Dein Spiel klangvoller und ausdrucksstärker wird.

Der zurückgeholte Strich als Übung für den Ganzbogenstrich

Die Bewegung des fliegenden Pizzicatos kannst Du auch mit dem Bogen ausführen. Es entsteht ein zurückgeholter Strich mit dem ganzen Bogen. Wichtig ist hierbei, dass Du den Bogen auf die Saite legst und dann erst den Strich beginnst. Achte auch hier auf die Gegenbewegung des Körpers.
Lege den Bogen an der unteren Markierung auf die Saite, spiele erst den zurückgeholten Strich nur im ersten Drittel, erweitere den Strich dann ins zweite Drittel. Schließlich führe den zurückgeholten Strich auch mit dem ganzen Bogen aus. Achte dabei immer auf einen schönen Klang.
Wenn Du den Abstrich beginnst, neige Dich leicht nach rechts, als ob Du Schwung nehmen würdest für einen langen Abstrich. Wenn Du losstreichst, richte Dich auf, so dass Du groß wirst.

Abstrich

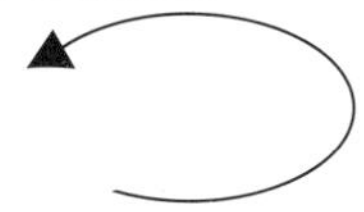

Aufstrich

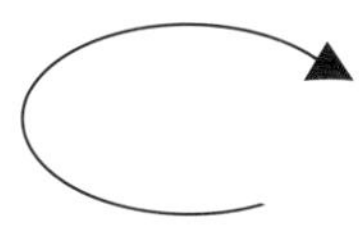

Bauernmarkt

Spiele das Stück mit zurückgeholtem Strich.

Collé

Manchmal soll ein Ton auf dem Cello einen besonderen Klang bekommen. Hier wollen wir Tönen spielen, die einen besonders intensiven Anfang haben. Dazu muss die Saite mit dem Bogen gepackt werden.

Lege den Bogen zwischen unterer Markierung und Frosch auf die D-Saite. Indem Du das Wasserglas ausschüttest, bringe soviel Gewicht auf den Bogen, dass sich die Bogenstange den Haaren nähert. Kannst Du jetzt die Saite mit dem Bogen ein wenig hin und her bewegen, ohne dass ein Ton entsteht? Dann kleben die Haare gut an der Saite. Löse jetzt den Bogen mit einem winzigen Aufstrich von der Saite. Dabei fällt der Ellbogen, so dass sich die Bogenspitze hebt. Diese Strichart heißt **collé** (*frz.* kleben, haften). Wenn Du den collé-Strich als Abstrich ausführen willst, muss sich beim Lösen des Bogens der Ellbogen aufwärts bewegen, um das Gewicht aus dem Bogen zu nehmen.

Trommeltanz

Im Trommeltanz spielst Du in der zweiten Zeile zunächst Collé im Aufstrich. Bei zweiten Mal spiele dann Abstriche.

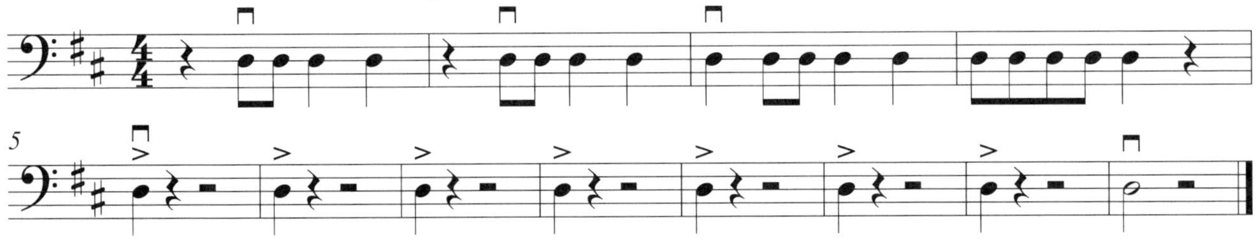

Clownsspaß

Spiele auch den „Clownsspaß“ zunächst nur mit Auf- dann nur mit Abstrichen. und zum Schluss mit den gedruckten Strichen

Martelé

Bewegungsübung: Halte Deinen linken Unterarm waagerecht quer vor den Körper und lege den Zeigefinger der rechten Hand am Ellbogengelenk auf den Unterarm. Fühle das Gewicht Deines Armes am Zeigefinger hängen. Hebe den rechten Arm an und lasse den Zeigefinger schnell zum Handgelenk gleiten.

Spiele jetzt mit etwas mehr Bogen als beim Collé (ca. fünf Zentimeter). Wichtig bleibt, dass vor dem Strichbeginn der Bogen die Saite anfasst. Erst dann beginnt der Strich mit einer Entspannung. Verlängere den Strich nach und nach, um den Ton klangvoller zu machen.

Probiere aus, wie viel Druck nötig ist, um einen knackigen, betonten Tonanfang zu erzeugen. Bei zuviel Druck wird es ein unschönes Geräusch geben. Wenn der Strich zu Ende ist, füge sofort wieder Gewicht hinzu, um den nächsten Strich vorzubereiten. Spiele „Trommeltanz“ und „Clownsspaß“ jetzt mit Martelé-Strichen.

Der „Tango“ (⇨ S. 37) klingt mit Akzenten noch viel temperamentvoller.

Flageolett-Glissando

Bisher hast Du mit Deinen Fingern die Saite immer fest aufs Griffbrett gezogen, damit der gespielte Ton gut klingt. Jetzt lege Deinen 3. Finger nur ganz locker auf die D-Saite, so dass diese nicht aufs Griffbrett gedrückt wird. Gleite mit einer gleichmäßigen Bewegung (**glissando**) auf der D-Saite auf und ab. Wenn Dein Daumen an den Korpus stößt, hebe ihn auch über das Griffbrett wie bei der *Rodelbahn*. Der 3. Finger bleibt locker an der Saite.
Streiche dann gleichzeitig mit viel Bogen die D-Saite an und höre auf die hohen, zwitschernden Töne, die Du spielst. Wenn Töne erklingen, indem du die Saite nur berührst, nennt man sie **flageolett-Töne**.

Spuk-Theater

In den Pausen kannst Du mit glissandi auf verschiedenen Saiten oder anderen ungewöhnlichen Klängen ein Spuk-Theater aufführen.

Oktav-Flageolett

Berühre jetzt die D-Saite genau in der Mitte zwischen Sattel und Steg, da wo Dein höchster Punkt klebt. Wenn Du jetzt die Saite kräftig streichst (eher etwas näher am Steg als üblicherweise) erklingt ein Ton, der eine Oktave höher als die leere Saite ist und ein wenig an den Flötenklang erinnert.
Spiele abwechselnd die leere Saite und das Oktav-Flageolett. Du kannst jetzt eine Oktave gegriffen auf zwei Saiten oder mit dem Oktav-Flageolett auf derselben Saite spielen.

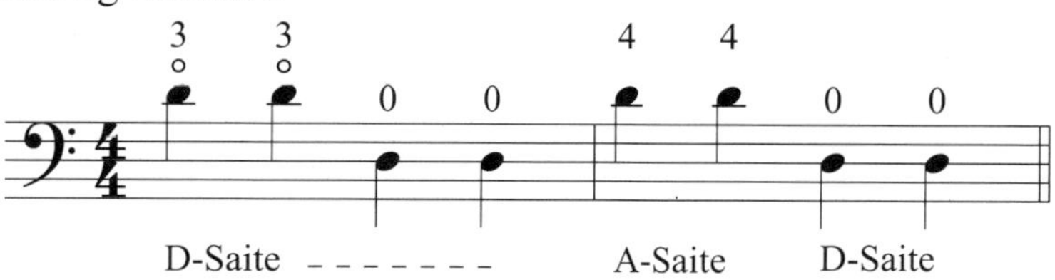

Probiere auch alle Leersaiten-Stücke mit Oktavflagelotts zu spielen. „Open strings" (⇨ S. 29) klingt mit flageolett-Oktaven eine Oktave höher. Achte darauf, dass Du bei diesen Flageolett-Tönen immer viel Bogen nimmst und etwas dichter am Steg streichst.
Um die verschiedenen Klangfarben der beiden Griffmöglichkeiten zu kombinieren und um Deine Beweglichkeit am Instrument zu erhöhen, übe nun, zwischen der gegriffenen Oktave und der flageolett-Oktave hin und her zu wechseln. Denke daran, beim Gleiten in die neue Position (Lage), den lockeren Kontakt zum Hals mit dem Daumen nicht zu verlieren. So bekommst Du ein Gefühl dafür, wie weit der Weg von der einen zur anderen Position (Lage) ist.

Wechsel zwischen gegriffener und Flageolett-Oktave im legato

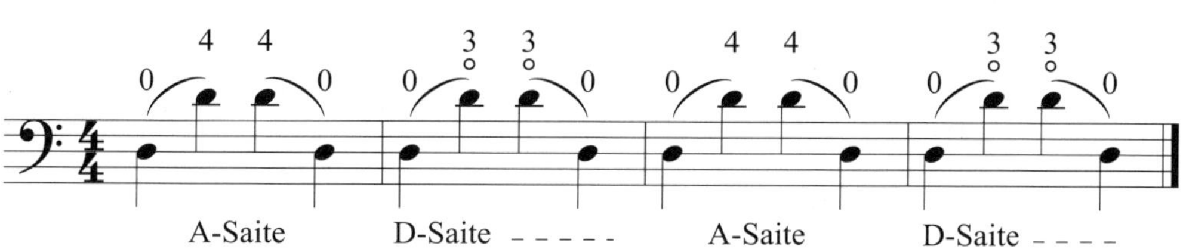

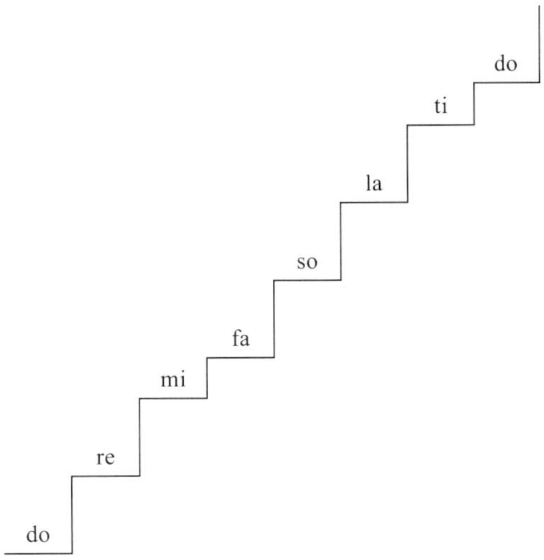

Die Durtonleitern

Wie Du schon weißt, ist die Solmisationsleiter von do bis do' eine Durtonleiter. Denn zwischen mi und fa und ti und do liegen Halbtonschritte, alle anderen Abstände zwischen benachbarten Tönen sind Ganztonschritte.
Anders ausgedrückt liegen zwischen dem 3. und 4. und dem 7. und 8. Ton jeder Durtonleiter Halbtonschritte, zwischen allen anderen Tönen Ganztonschritte.
Bei der mit c beginnenden Tonleiter aus Stammtönen liegen die Halbtonschritte zwischen e und f und zwischen h und c. Diese Tonleiter heißt ***C-Dur-Tonleiter***, weil der erste und letzte Ton c heißen und die Halbtonschritte zwischen dem 3. und 4. sowie dem 7. und 8. Ton liegen.

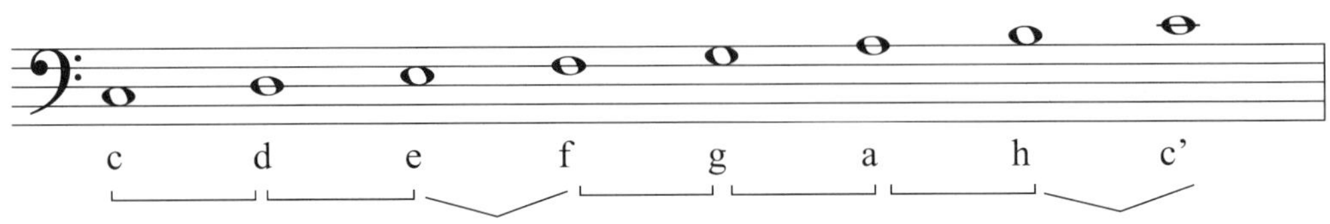

Wenn man von einem anderen Ton aus eine Dur-Tonleiter aufschreiben will, muss man dafür sorgen, dass die Halbtonschritte und Ganztonschritte an der richtigen Stelle in der Tonleiter liegen. Das kann man mit Hilfe der Vorzeichen (⇨ S. 32 f.) erreichen, die einen Ton um einen Halbton erhöhen oder erniedrigen. Wenn die Vorzeichen für das ganze Stück gelten sollen, schreibt man sie am Anfang der Notenzeile nach dem Notenschlüssel.

D-Dur-Tonleiter

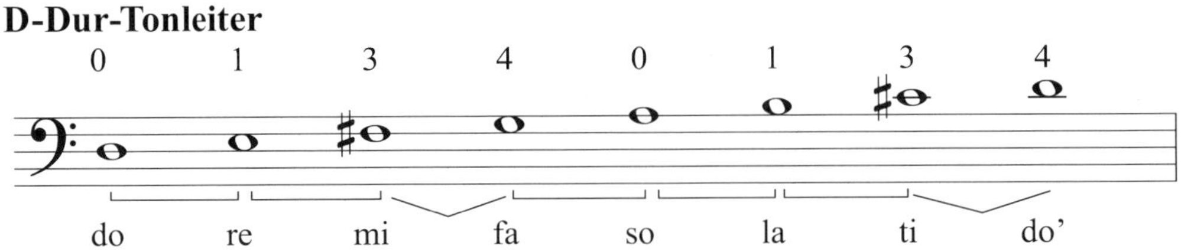

Auf dem Cello kannst Du Durtonleitern von der C-Saite, der G-Saite und der D-Saite aus mit demselben Fingersatz spielen, denn die Folge Ganztonschritt, Ganztonschritt, Halbtonschritt entspricht dem Fingersatz 0 1 3 4 und wiederholt sich dann auf der nächsthöheren Saite.

Oktaven und mehr

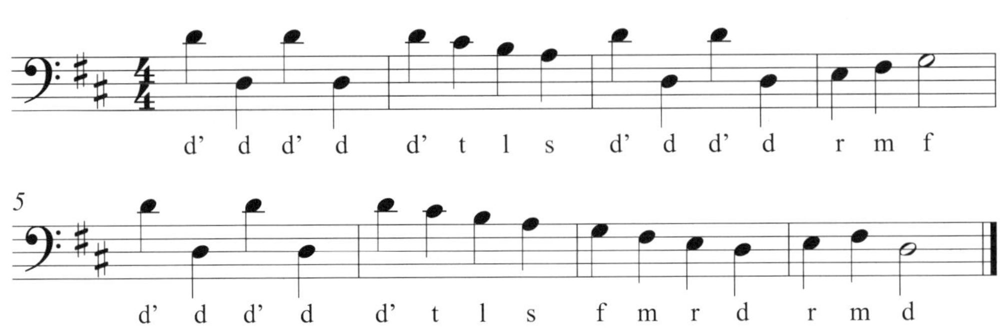

Tonleitertraining

Tonleitern oder Ausschnitte daraus findest Du in vielen Musikstücken. Daher ist es sehr praktisch, wenn Du Tonleitern sicher spielen kannst. Um zu wissen in welcher Tonart das Stück steht, welche Tonleiter ihm also zugrunde liegt, sollte man immer zu Beginn die Vorzeichen direkt nach dem Notenschlüssel anschauen, denn sie gelten für das ganze Stück. Versuche, die Tonleitern auch bald auswendig zu spielen. Du weißt ja vom Singen, wo die Halbtonschritte liegen.
Richtig gut klingen diese Tonleitern auch, wenn man sie als Kanon spielt. Dabei setzen die zweite und dritte Stimme einen Takt später ein als die erste bzw. zweite.

D-Dur-Tonleiter

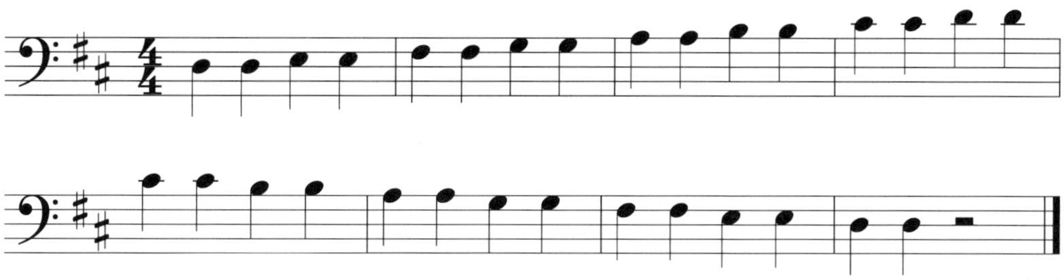

G-Dur-Tonleiter

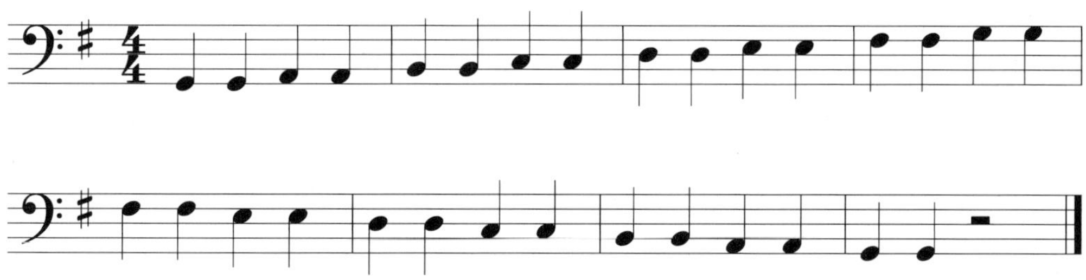

C-Dur-Tonleiter

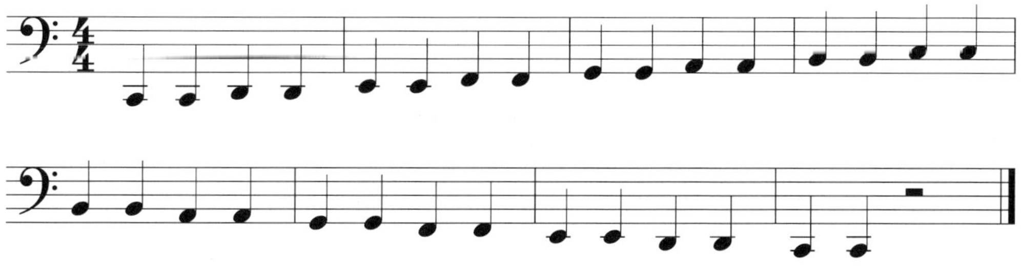

Spiele die Tonleitern auch in folgenden Rhythmen.

Zwei Kanons

Du hast den Kanon „Bruder Jakob" (⇨ S. 15) schon gesungen. Jetzt kannst du ihn auch spielen. Das Reizvolle an Kanons ist, dass aus einer Melodie ein mehrstimmiges Stück entsteht, indem zwei, drei, vier oder mehr Gruppen von Sängern oder Instrumentalisten nacheinander einsetzen. Die Zahlen über der Melodie zeigen, wann die zweite oder weitere Stimmen einsetzen. Beim Kanon singen oder spielen ist es wichtig, dass Du lernst, die anderen Stimmen mitzuhören.
Um die Kanons gut spielen zu können, nimm Dir ein wenig Zeit für die folgenden Rhythmusübungen. In der Klasse könnt ihr auch verschiedene Übungen wiederholen, gleichzeitig spielen oder sie auf anderen Saiten spielen.

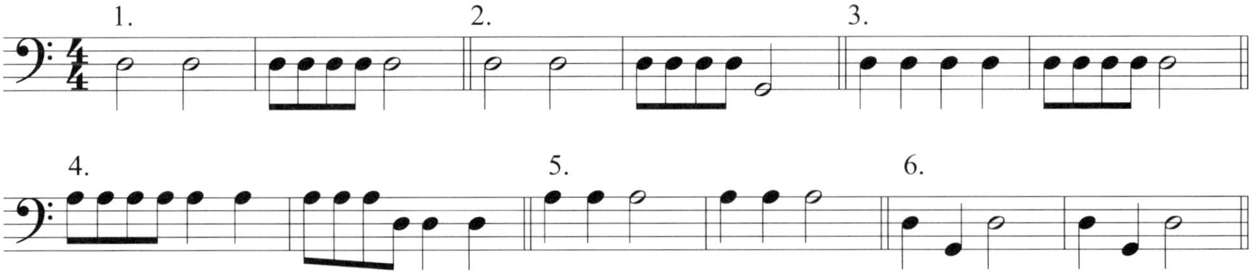

Hejo, spann den Wagen an

M/T: Volksweise

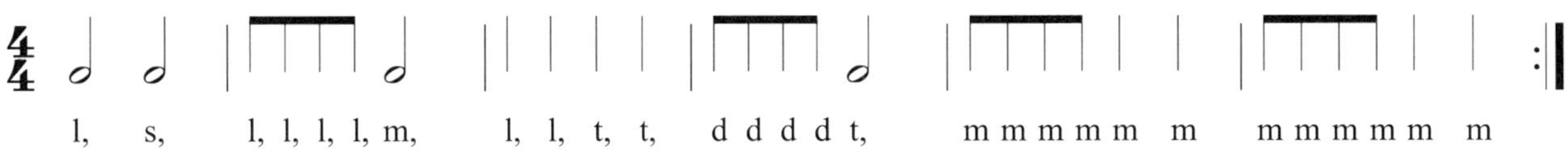

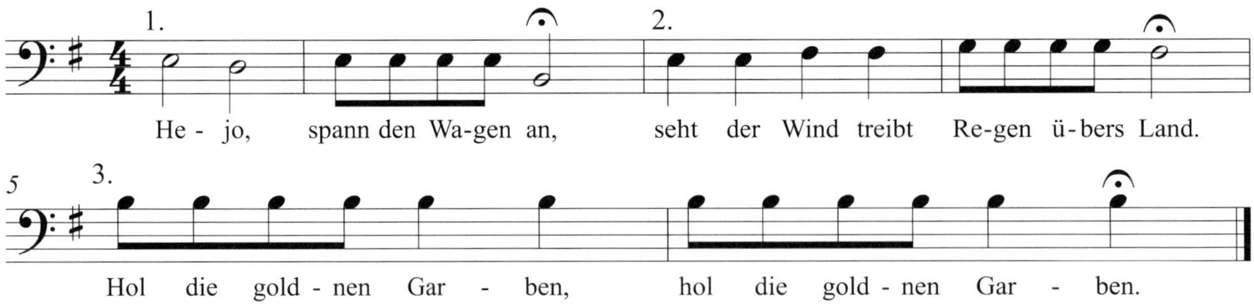

Wann und wo

M/T: Volksweise

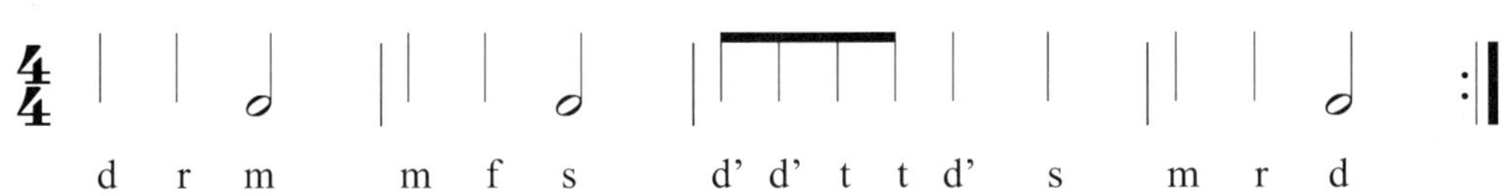

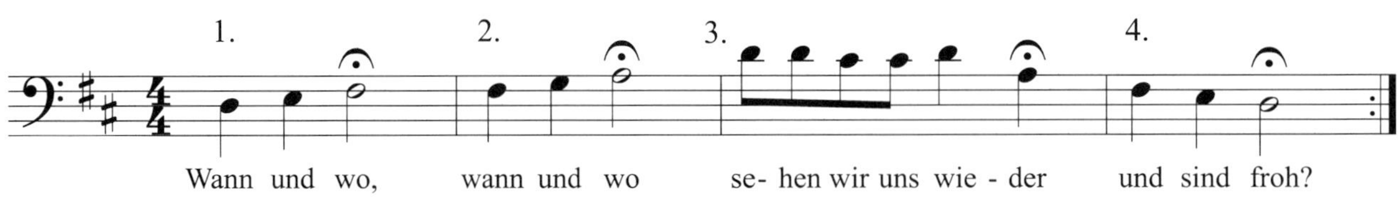

𝄐 ***Fermaten*** markieren in einem Kanon den Endpunkt einer Stimme.

Jetzt lernst Du ein Stück kennen, dass Du vielleicht schon einmal gehört hast. Es ist ein ausgelassener Tanz aus einer Operette. Die Operette ist der Vorläufer des Musicals. Du kannst den „Can Can“ zunächst langsam spielen, so wie ihn der Komponist Camille Saint-Saëns 1886 in seinem „Karneval der Tiere“ unter dem Titel „Schildkröten“ verwendet hat. Aber noch mehr Spaß macht es, den „Can Can“ wild und schnell zu spielen.

Der Zweivierteltakt – 2/4

Sprich folgende Rhythmen, die im „Can Can“ vorkommen, zunächst mit Rhythmussilben zur Taktfigur und streiche sie dann.

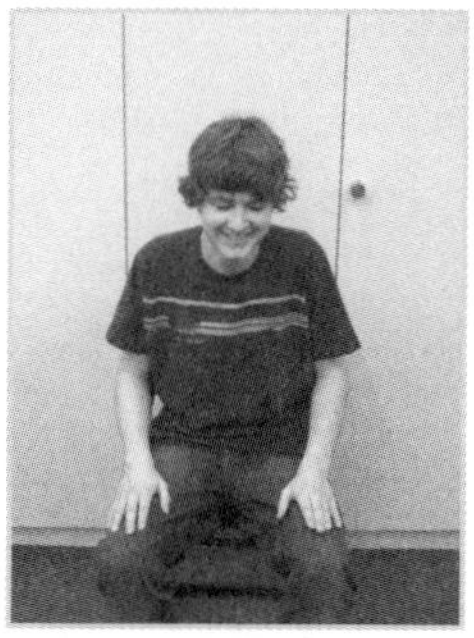

In Takt 9 und 10 des „Can Can“ kommt eine Oktave mit D mit anschließender D-Durtonleiter abwärts vor. Singe sie zunächst und spiele sie dann als Vorübung.

Thema aus dem Can Can

Das folgende Stück basiert auf einem „Can Can“ von Jacques Offenbach (1819–1880) aus dessen Operette „Orpheus in der Unterwelt“. In der Operette nimmt Offenbach sowohl die ernste Oper seiner Zeit als auch die gesellschaftlichen Verhältnisse aufs Korn.

Der „Can Can“ – ein schneller Tanz – ist die wohl bekannteste Melodie daraus.

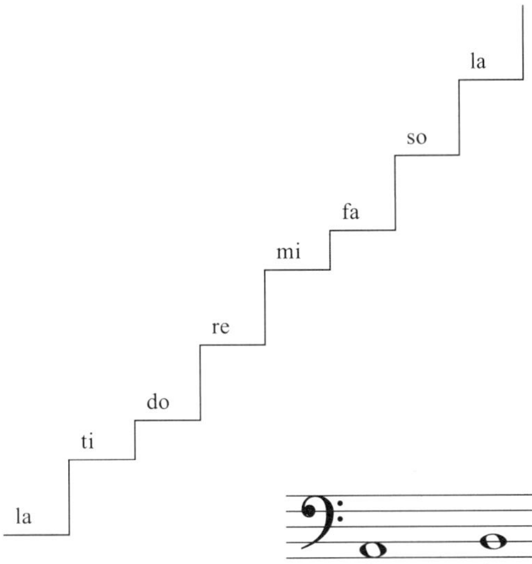

Die Molltonleitern

Wie Du schon weißt, ist die Solmisationsleiter von la bis la eine Moll-Tonleiter. Denn zwischen ti und do sowie mi und fa liegen Halbtonschritte. Anders ausgedrückt liegen zwischen dem zweiten und dritten und dem fünften und sechsten Ton jeder Moll-Tonleiter Halbtonschritte.
Bei der mit a beginnenden Tonleiter aus Stammtönen liegen die Halbtonschritte zwischen h und c und zwischen e und f. Diese Tonleiter heißt ***a-Moll-Tonleiter***, weil der erste und letzte Ton a heißen und die Halbtonschritte zwischen dem zweiten und dritten sowie dem fünften und sechsten Ton liegen.

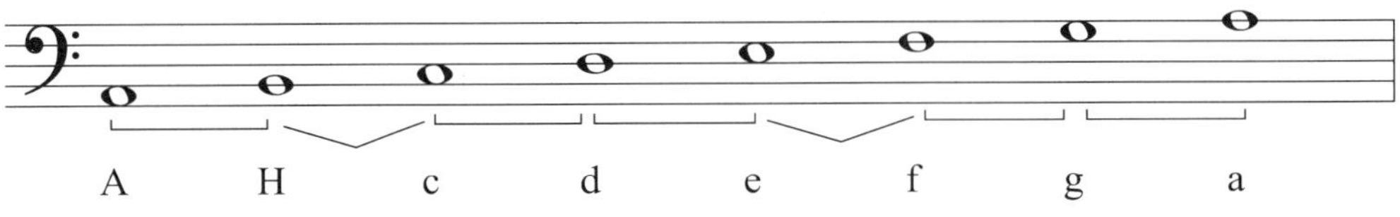

Wenn man von einem anderen Ton aus eine Moll-Tonleiter aufschreiben will, muss man dafür sorgen, dass die Halbtonschritte und Ganztonschritte an der richtigen Stelle in der Tonleiter liegen. Das kann man wieder mit Hilfe der Vorzeichen erreichen. Wenn die Vorzeichen für das ganze Stück gelten sollen, schreibt man sie am Anfang der Notenzeile nach dem Notenschlüssel.

d-Moll-Tonleiter

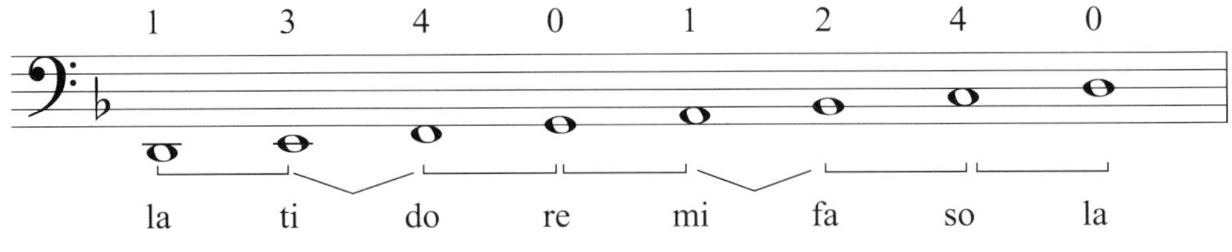

Auf dem Cello kannst Du Moll-Tonleitern vom 1. Finger auf der G-Saite und vom 1. Finger auf der C-Saite aus mit demselben Fingersatz spielen. Anders als bei den Dur-Tonleitern wechselt dabei der 3. Finger auf der tieferen Saite zum 2. Finger auf der höheren Saite. Vom 1. Finger der D-Saite, dem Ton e aus, kann die Molltonleiter nur ‚nach unten gebogen' in der ersten Lage gespielt werden.

Tonleiterausschnitte und Tonleitern in Moll

Schon früh hast Du Einsingeübungen und Tonleitern in Moll mit Solmisationssilben gesungen. Hier sind nun Übungen zum Spielen in verschiedenen Moll-Tonarten.

Übung in d-Moll

Übung in c-Moll

Übung in g-Moll

Höre Dir selbst bei den Übungen und Tonleitern gut zu. Korrigiere Deine Fingerstellung, wenn sich Dein Spiel anders als anhört, als Du es vom Singen gewohnt bist.

a-Moll-Tonleiter

e-Moll-Tonleiter

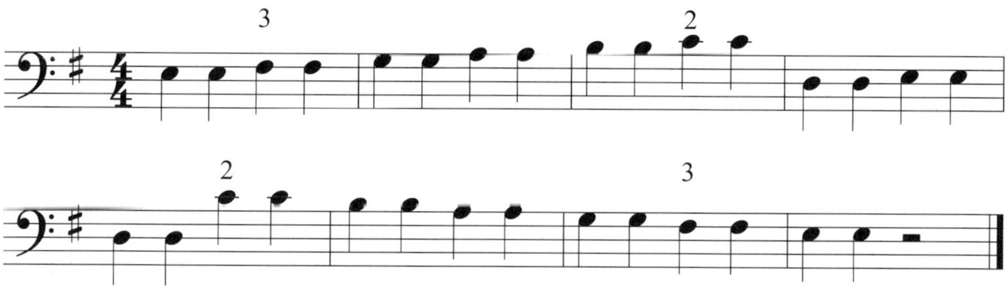

d-Moll-Tonleiter

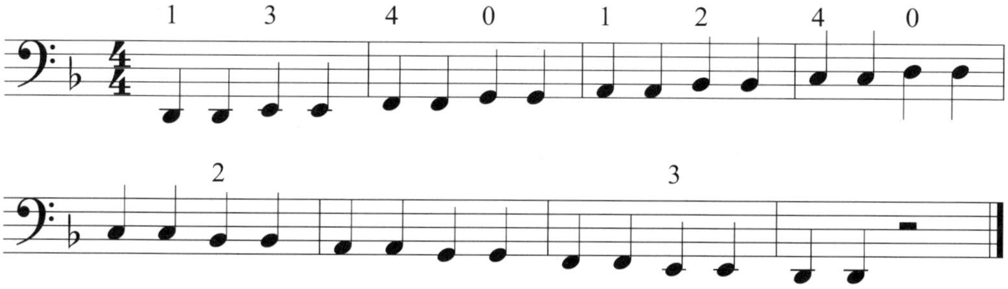

Spiccatovorübungen

Spiccato (Wurfbogen) ist eine Strichart, die ganz anders klingt als die bisher schon gelernten Stricharten. Der Bogen wird dabei von oben auf die Saite geworfen.

Lege den Bogen so auf den ausgestreckten Zeigefinger der rechten Hand dass er im Gleichgewicht bleibt, wenn Du die linke Hand loslässt. Sei bei dieser Übung vorsichtig, damit der Bogen nicht herunterfällt. Den Punkt des Bogens, an dem er im Gleichgewicht ist, nennt man Schwerpunkt.

Bau Deinen Bogengriff auf. Achte darauf, dass der Bogen locker in der Hand liegt. Verlagere das Gewicht des Bogens mehr auf die hinteren Finger (Mittel-, Ring-, kleiner Finger) und lasse den Bogen von oben senkrecht stumm auf die Saite prallen. Du wirst sehen, dass diese Bewegung am Schwerpunkt des Bogens am besten funktioniert.
Lockere das Schultergelenk, indem Du die Bewegung der Bogenarms vergrößerst. Lasse dann die Bewegung kleiner werden, sie wird dann gleichzeitig schneller. Dabei soll sich der ganze Arm bewegen, als ob du an eine Tür klopfst.

Stummes Prallen

Folgende Rhythmen sollen mit dem Bogen auf die Saite geklopft werden, ohne dass ein Ton entsteht.

1. Übe sie zunächst auf den verschiedenen Saiten.
2. Spiele die Beispiele doppelt und wechsle taktweise die Saiten.

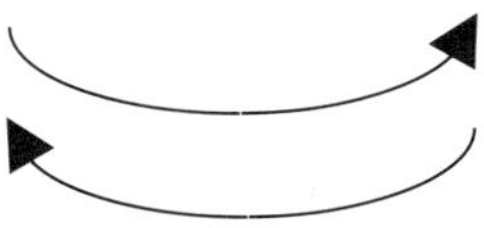

Das Prallen auf einer oder zwei verschiedenen Saiten hast Du jetzt geübt. Füge nun dem Prallen einen Smiley-Strich hinzu.

Spiccato

Nur wenn der Bogen flach auf der Saite aufkommt wie ein Stein, den man über das Wasser springen lässt, entsteht ein klangvoller Ton. Wenn der Bogen zu steil auf die Saite trifft, wird der Ton geräuschvoller, kratziger. Um den Ton noch weicher zu machen, kannst Du den Bogen etwas zur Schnecke hin kanten. Dann treffen nicht alle Bogenhaare gleichzeitig auf die Saite und der Bogen landet weicher.
Achte darauf, dass Deine Finger am Bogen locker und nachgiebig sind. Wie die Stoßdämpfer am Auto federn die Finger die Bewegung des Bogens ab. Sind die Finger zu steif, macht der Bogen, was er will. An der Bewegung sollte immer der ganze Arm beteiligt sein. Das Handgelenk muss locker bleiben.
In den beiden folgenden Stücken zeigen die Punkte unter den Noten an, wo Du spiccato spielen sollst.

Rundtanz

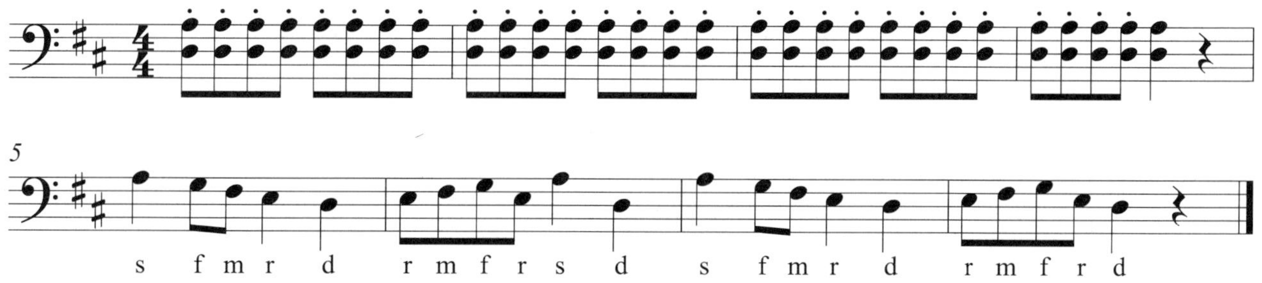

Gerade noch entkommen

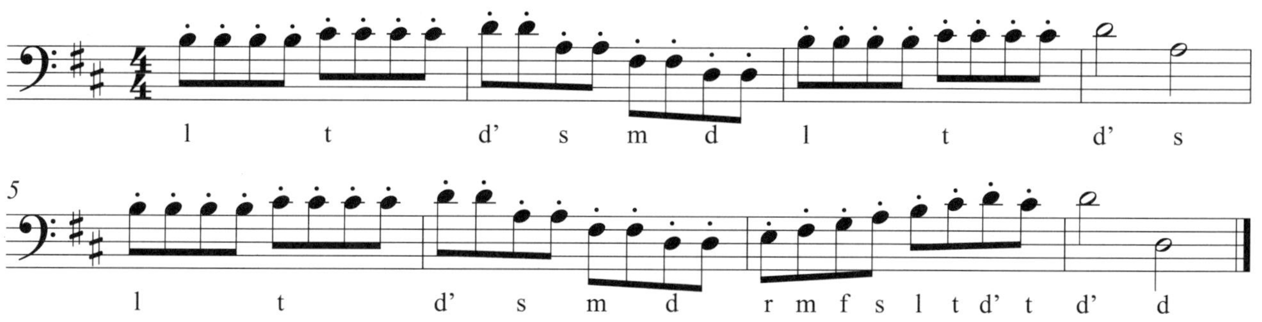

Beim Wechsel von spiccato zu détaché achte darauf, dass Du sofort guten Kontakt zur Saite hast. Dazu müssen Deine Finger flexibel sein und Du benötigst einen intensiven Smiley-Strich mit Pronation.

Übungen auf leeren Saiten

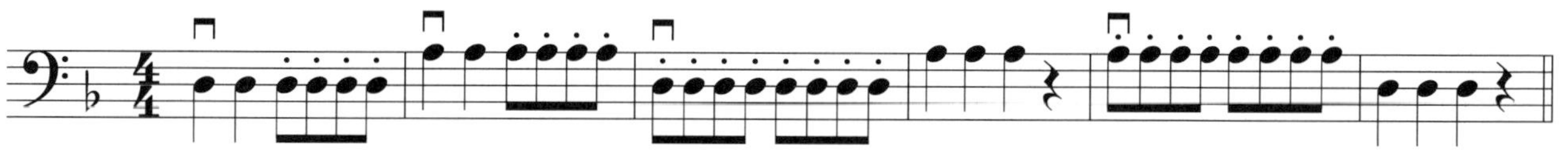

Auf der Lauer

Terzen mit Solmisationssilben

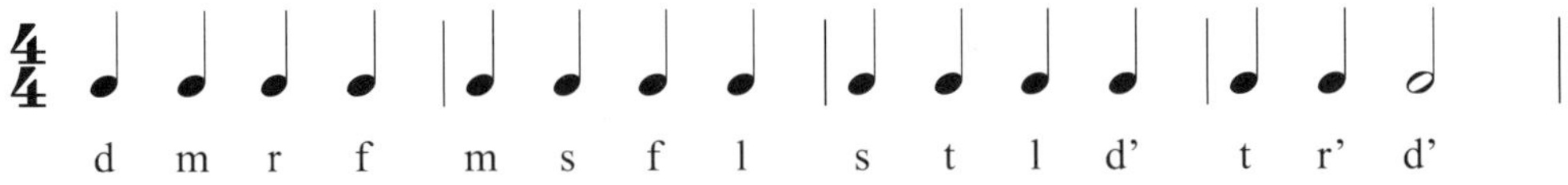

Beim Singen dieser Melodie hast Du immer aufwärts einen Ton übersprungen. Diesen Abstand vom ersten zum dritten Ton nennt man ***Terz*** (*ital.* dritte). Durch die Halb- und Ganztonschritte in einer Solmisationsleiter ergeben sich unterschiedlich große Terzen, denn bei einigen überspringt man zwei Ganztonschritte, bei anderen sind es ein Ganztonschritt und ein Halbtonschritt. Die Terzen, die einen Halbtonschritt enthalten, sind kleiner als die Terzen, die aus zwei Ganztonschritten bestehen, und heißen ***kleine Terz***. Terzen, die aus zwei Ganztonschritten bestehen, heißen ***große Terz***..
Singe die Melodie jetzt auch abwärts (also rückwärts).

Terzen am Stück

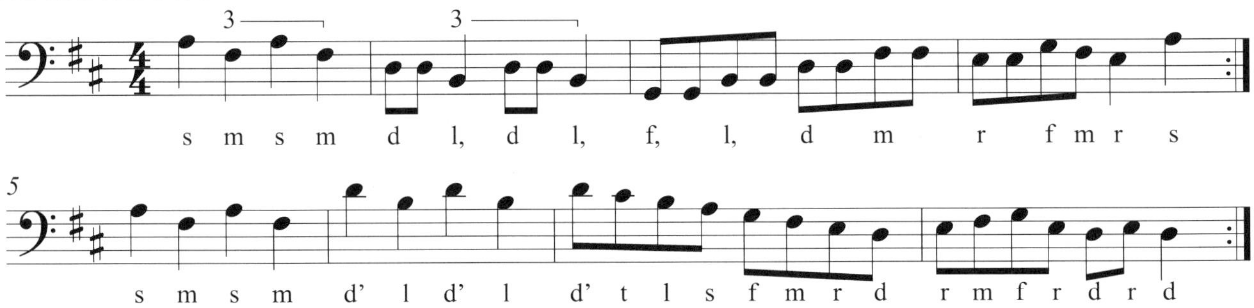

Dreiklänge mit Solmisationssilben

Singe jetzt jeweils in der Solmisationsleiter zwei Terzen nacheinander aufwärts und wieder abwärts.

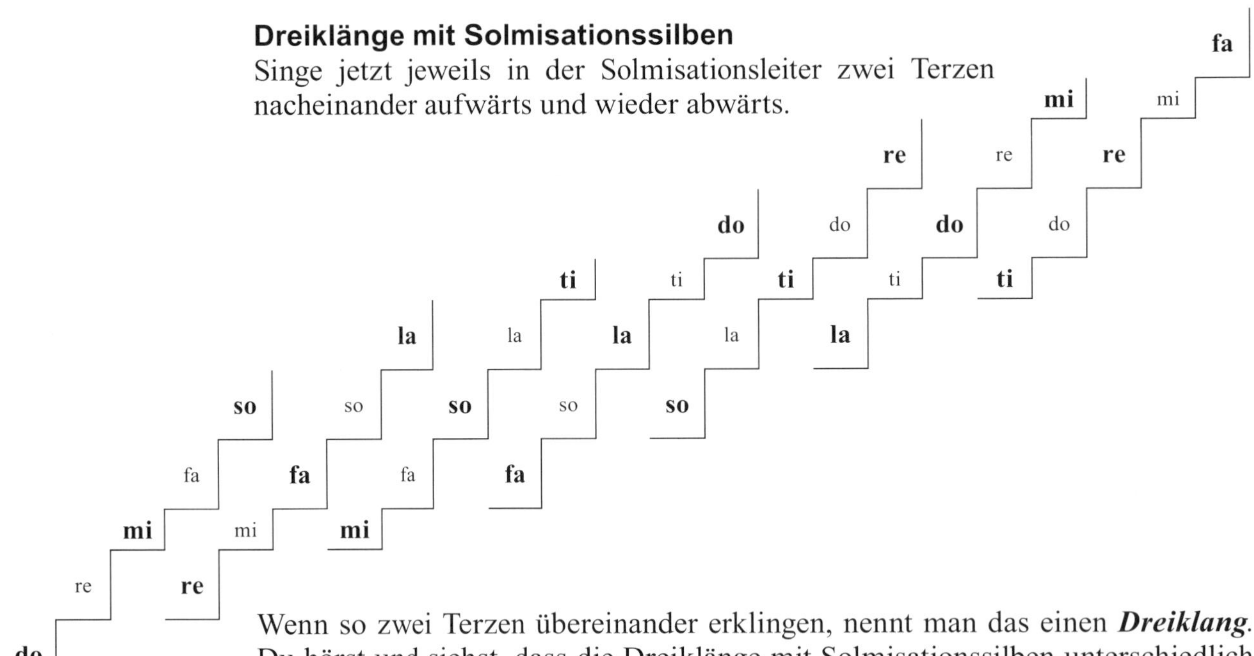

Wenn so zwei Terzen übereinander erklingen, nennt man das einen ***Dreiklang***. Du hörst und siehst, dass die Dreiklänge mit Solmisationssilben unterschiedlich sind. Wenn wie beim Dreiklang auf do unten eine große Terz und oben eine kleine Terz erklingt, nennt man diesen Dreiklang ***Dur-Dreiklang***.
Wenn wie beim Dreiklang auf la unten eine kleine Terz und oben eine große Terz erklingt, nennt man diesen Dreiklang ***Moll-Dreiklang***.
Ein besonderer Dreiklang ist der auf ti. Hier stehen zwei kleine Terzen übereinander. Dieser Dreiklang heißt ***verminderter Dreiklang***.

Dreiklangsstückchen in Dur und Moll

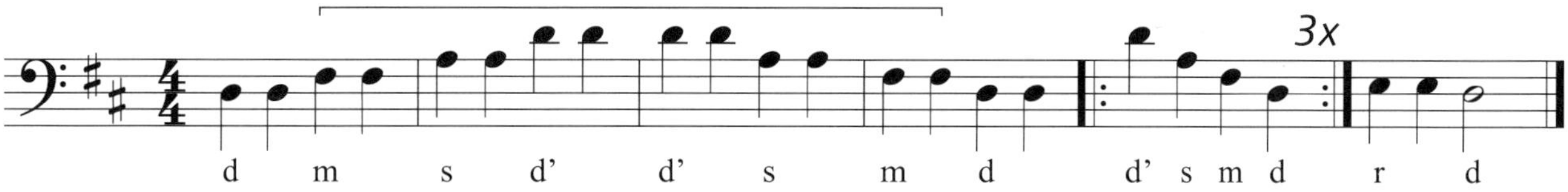

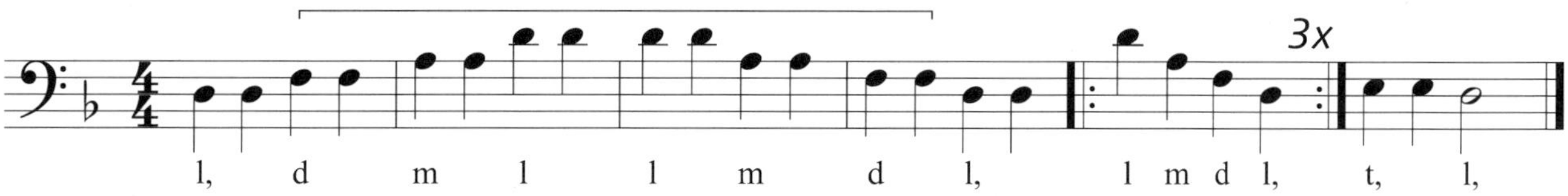

Achte darauf, dass Dein 2. bzw. 3. Finger auf der D-Saite liegen bleibt, solange wie es die Linie über den Noten angibt.

Dynamik

Wenn Musik nicht plötzlich sondern allmählich lauter oder leiser werden sollen, verwenden Komponisten folgende Zeichen und Begriffe.

crescendo *(lauter werden, anwachsen)* ***decrescendo*** *(leiser werden, zusammensinken)*

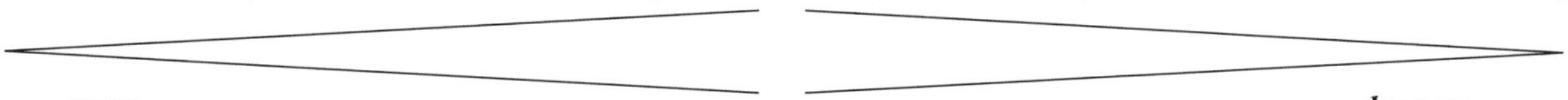

cresc. ***decresc.***

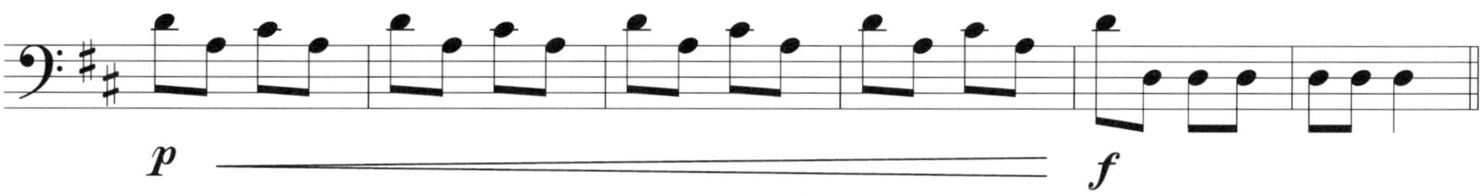

Auf dem Cello kannst Du die Lautstärke folgendermaßen verändern:
Probiere aus, was passiert, wenn Du mit wenig Gewicht dichter am Steg oder mit viel Gewicht dichter am Griffbrett spielst.
Damit ein Ton schön und laut oder schön und leise klingt, müssen Bogendruck (Gewicht), Geschwindigkeit (wie schnell Du streichst) und Strichstelle (näher am Steg oder näher am Griffbrett) im richtigen Verhältnis zueinander stehen.
Grundsätzlich gilt:

- Laute Töne werden näher am Steg mit mehr Gewicht gespielt.
- Leise Töne mit weniger Gewicht in der Nähe des Griffbretts.
- In den beiden Übungen oben kannst Du ein crescendo gestalten, indem Du mit wenig Bogen mitten zwischen Steg und Griffbrett beginnst und dann mit immer mehr Bogen langsam etwas in Richtung Steg wanderst.

Aber auch alle anderen Möglichkeiten diese drei Elemente zu kombinieren führen zu interessanten Klangergebnissen. Probiere selbst aus.

Vorübungen zum Can Can

Can Can

M: J. Offenbach, Bearb.: B./P. Boch

Ausdrucksvolles Spielen

Für das folgende Stück ist es sehr wichtig, den Wechselstrich (⇨ S. 39/46) zwischen einer Halben und zwei Viertelnoten gut mit dem Bogen zu gestalten.

Neben ***p*** und ***f*** gibt es noch folgende Abstufungen der Lautstärke:
mp = mezzopiano (nicht ganz leise) ***mf*** = mezzoforte (nicht ganz laut)
pp = pianissimo (sehr leise) ***ff*** = fortissimo (sehr laut)

Von leise nach laut geordnet stehen die Zeichen also in folgender Reihenfolge.

pp < ***p*** < ***mp*** < ***mf*** < ***f*** < ***ff***

Du wirst schnell merken, dass ein Stück wie die folgende „Elegie" sehr viel interessanter und lebendiger klingt, wenn Du die unter den Noten stehenden Dynamikzeichen beachtest.
Elegie bedeutet Klagegesang. Besonders in der Epoche der Romantik (etwa zwischen 1820 und 1880) wurden viele Elegien von Komponisten wie Edvard Grieg (1843 – 1907) oder Peter Tschaikowski (⇨ S. 64) komponiert.

Elegie

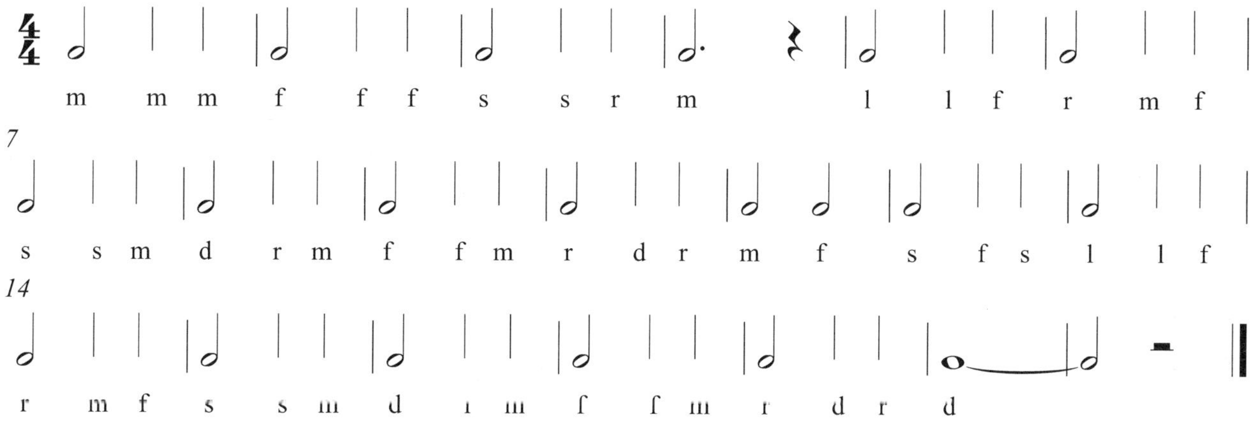

Andante *(heißt: gehend)*

Spielen auf zwei Saiten – nacheinander und gleichzeitig

Lass bei folgender Übung die Finger solange wie möglich liegen. Damit die leere A-Saite gut klingt, müssen die Finger auf der D-Saite so steil aufgesetzt werden, dass die A-Saite nicht berührt wird. Die Finger bilden einen Tunnel über der A-Saite. Beim Saitenwechsel muss der Arm den Bogen auf die neue Saite führen. Auch diese Übung kannst Du auf den anderen Saitenpaaren spielen.

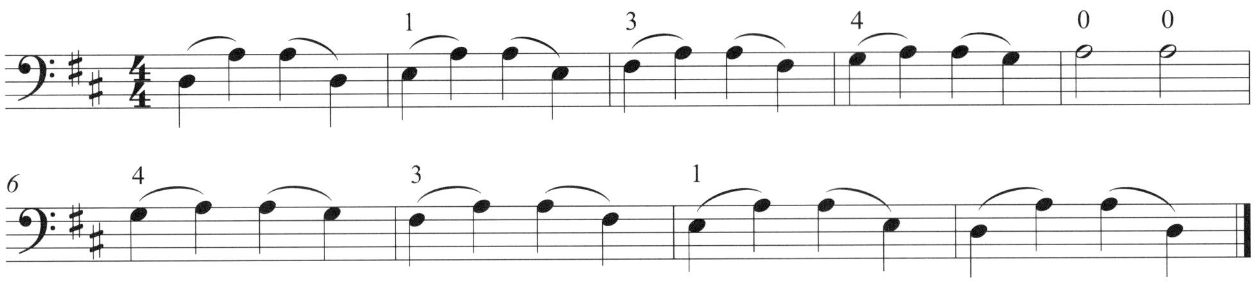

Auf dem Cello kannst Du auch zwei Saiten gleichzeitig spielen. Lege dazu den Bogen auf D- und A-Saite. Wenn es Dir nicht sofort gelingt, beide Saiten gleichzeitig anzustreichen, bewege den Bogen zunächst zwischen beiden Saiten hin und her. Versuche ihn dann mit einer lockeren Bogenhaltung auf beide Saiten zu legen und einen schwungvollen Abstrich zu spielen. Wenn Dir das einige Male gut gelingt, spiele auch hin und her.

Irischer Tanz

Im folgenden Tanz sind die punktierten Viertel ♩. der Grundschlag, da er im 6/8-Takt (⇨ S. 67) steht.

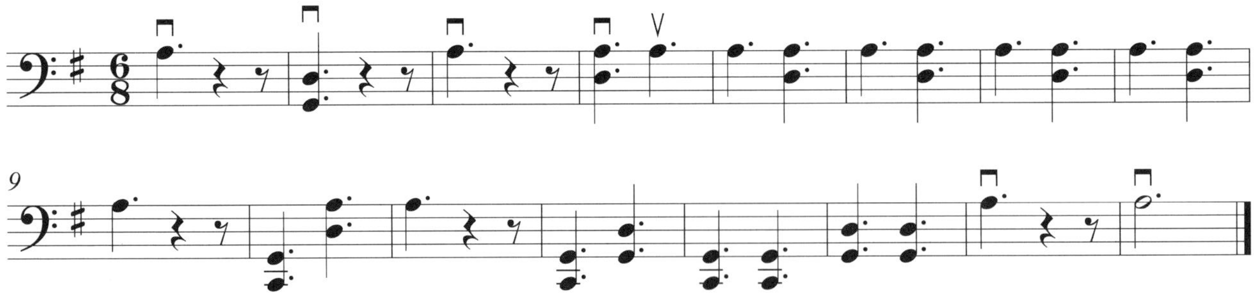

Bordun

Spiele zunächst nur die Oberstimme und lass dann die D-Saite mitklingen.

Portato

Außer den drei Stricharten détaché, legato und spiccato, die Du schon kennst, gibt es noch viele weitere, so auch den portato-Strich. Portato (*latein.* getragen) wird auch wellenförmiger Strich genannt. Eine Welle geht fließend in die nächste über, so werden beim portato zwei oder mehr Töne auf einem Bogenstrich gespielt. Dabei werden sie aber nicht gebunden sondern weich aneinandergehängt.

1. Nimm Deinen Bogen und halte ihn am Frosch in Deiner linken Faust vor Deinen Körper. Wiederhole die Smiley-Übung (⇨ S. 34).
2. Jetzt zeichnest Du zwei Smileys hintereinander nach – zunächst vom Frosch bis zur Mitte, dann von der Mitte bis zur Spitze (Abstrich). Mache zwischen den beiden Bewegungen eine Pause, in der Du den Arm wieder fallen lässt. Wichtig ist, dass Du Deinen Unterarm drehst, als würdest Du ein Glas ausschütten (Pronation). Der Zeigefinger liegt dann mit der Seite auf der Stange. Für den Aufstrich beginnst Du an der Spitze. Von hier aus machst Du die Bewegung rückwärts.

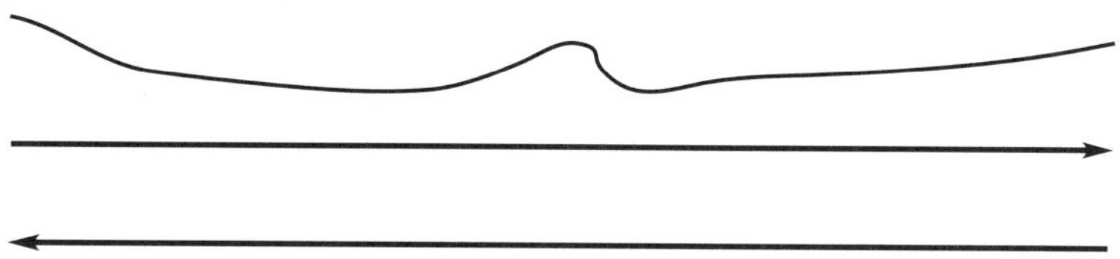

Abstrich:

Aufstrich:

3. Jetzt übertrage die Übung aufs Instrument. Spiele auf der D-Saite zwei aneinandergehängte Abstriche. Mache die Armbewegung zu Beginn übertrieben groß und mache zwischen den beiden Strichen eine Pause. Später werden die Bewegungen kleiner und die Pause verschwindet fast vollständig.

Portato-Striche auf leeren Saiten

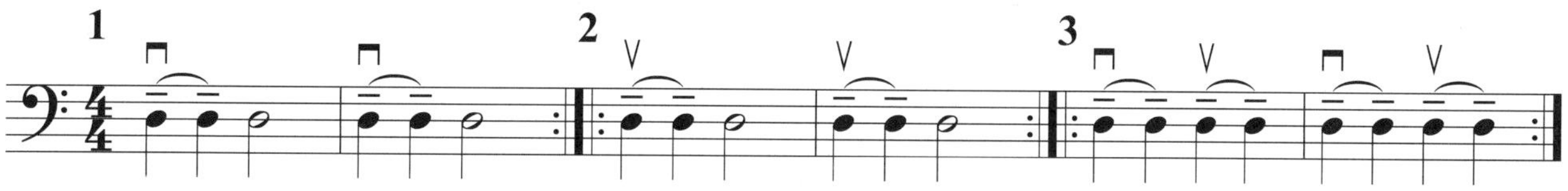

G-Dur Tonleiter und -Dreiklang mit Portato-Strich

Thema aus der 4. Sinfonie

Peter Tschaikowski (1840–1893) gilt als der bedeutendste russische Komponist des 19. Jahrhunderts. Er schrieb neben vielen anderen Stücken sechs Sinfonien, in denen er auch russische Volksmelodien als Themen verwendete. Auch das folgende Thema aus der 4. Sinfonie basiert auf einem Lied.

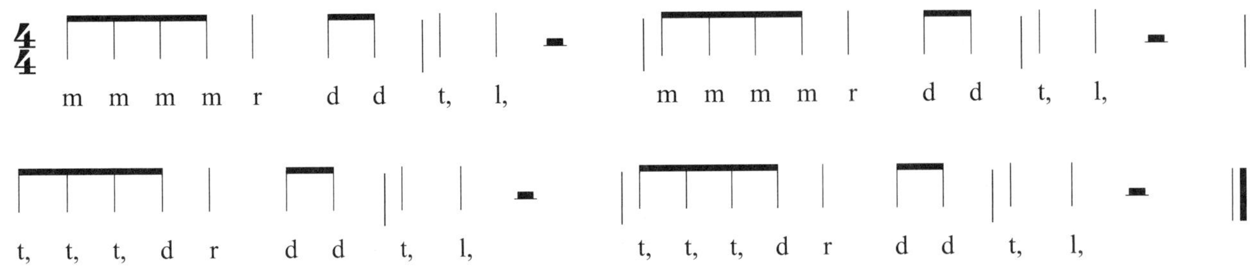

Der Mond ist aufgegangen

Musik: Johann Abraham Peter Schulz (1747–1809)
Text: Matthias Claudius (1740–1815)

Sehnsucht nach Zuhause

M: B./P. Boch © 2008 Schott Music GmbH & Co. KG, Mainz

3. und 2. Finger auf verschiedenen Saiten

Du kennst die Griffart mit dem 3. Finger und die Griffart mit dem 2. Finger schon von den Liedern in Dur und Moll. Jetzt kommen beide Griffarten auch schnell nacheinander auf verschiedenen Saiten vor.

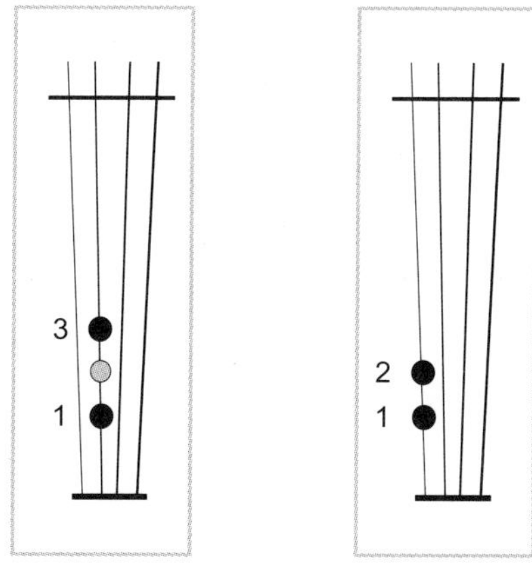

Vorübungen zum Wechsel zwischen den Griffarten

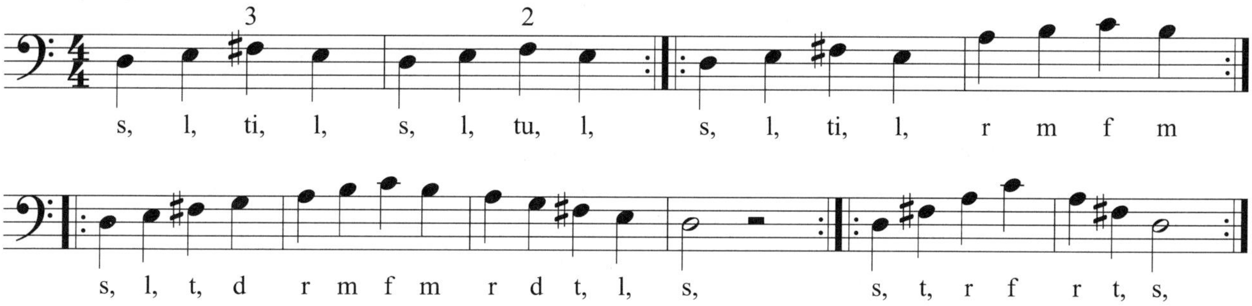

Happy birthday to you

M/T: Engl. Volksweise

Zogen einst fünf wilde Schwäne

Volksweise aus Litauen, dt. Text: Karl Plenzat © mit freundlicher Genehmigung des Friedrich Hofmeister Musikverlags, Leipzig

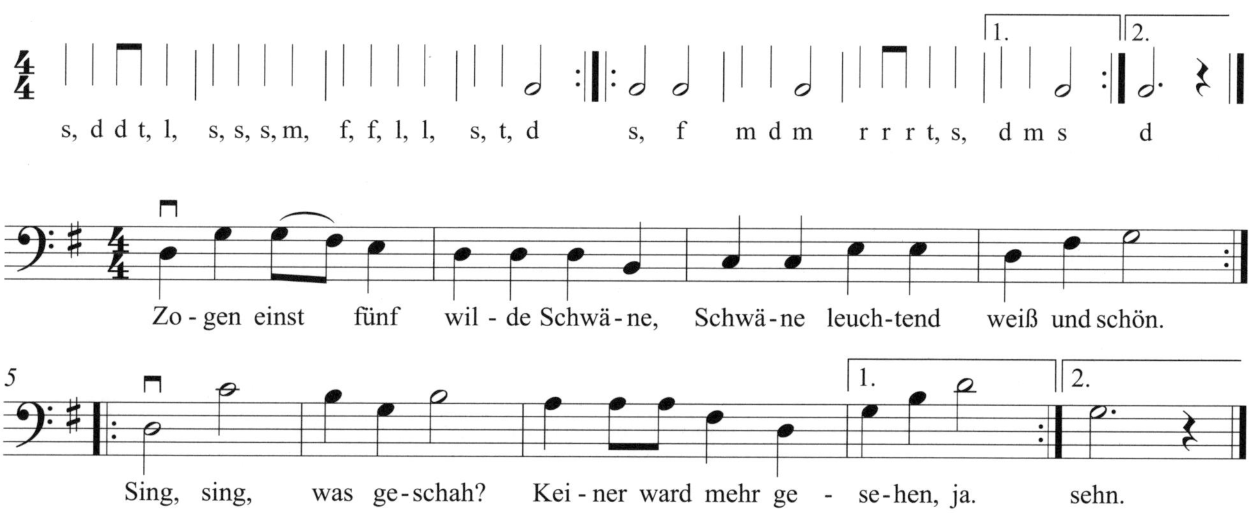

G-Dur Tonleiter

Während die Geigen die G-Dur-Tonleiter durch zwei Oktaven spielen, kannst Du folgende Version der G-Dur-Tonleiter spielen.

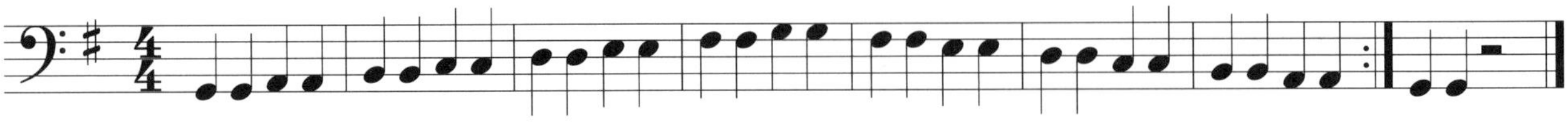

Spiele diese Tonleiter auch mit folgenden Strichvarianten:

C-Dur Tonleiter durch zwei Oktaven

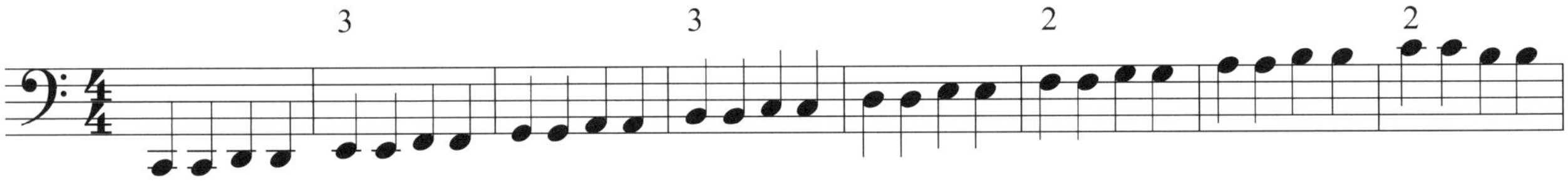

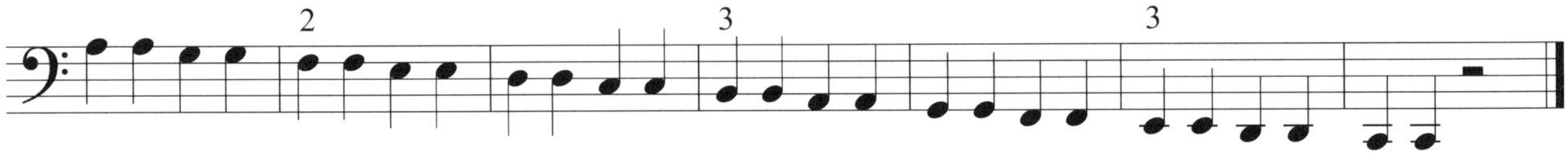

Dreierbindungen

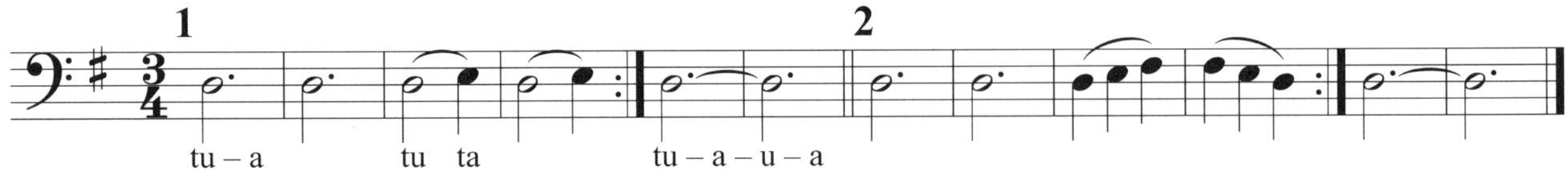

Märchenwalzer

Im folgenden Stück werden drei Töne gebunden, das legato-Spiel wird also ausgeweitet.

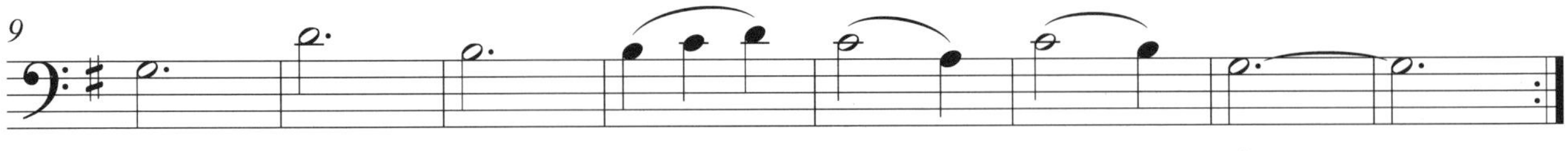

> Die ***punktierte Halbe*** 𝅗𝅥. dauert so lang, wie eine Halbe plus eine Viertel, also genau so lang wie ein 3⁄4 -Takt.
>
> 𝅗𝅥. = 𝅗𝅥 + ♩ Wir sprechen tu – a.

Vorübungen zu „Gute Laune“

„Gute Laune“ steht im Sechsachteltakt (6/8). Da es ein schnelles Stück ist, sind zwei punktierte Viertel die Grundschläge, die jeweils in drei Achtel unterteilt werden.
Sprich folgenden Rhythmus zum Grundschlag und zur Taktfigur, die die gleiche wie beim 2/4-Takt ist (punktierte Viertel = ta, drei Achtel = tri-o-la, punktierte Halbe=tu –).

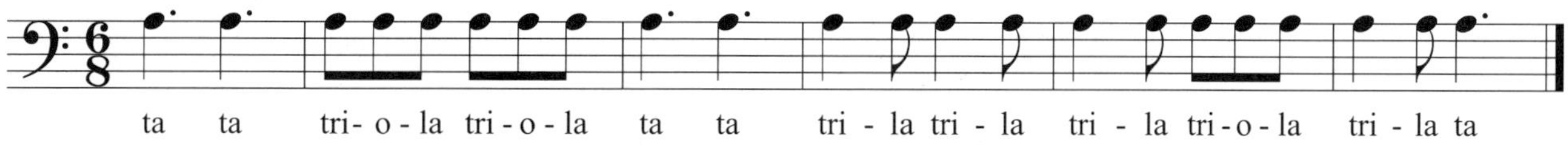

Bereite auch bei der Vorübung zu „Gute Laune“ das Spielen wieder durch Sprechen der Rhythmen zur Taktfigur vor.

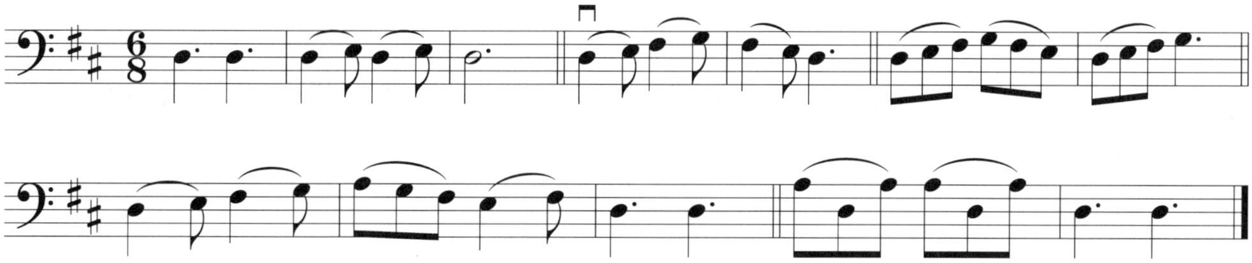

Gute Laune

M: B./P. Boch © 2008 Schott Music GmbH & Co. KG, Mainz

Legato über zwei Saiten

Vorübungen für die Rockballade

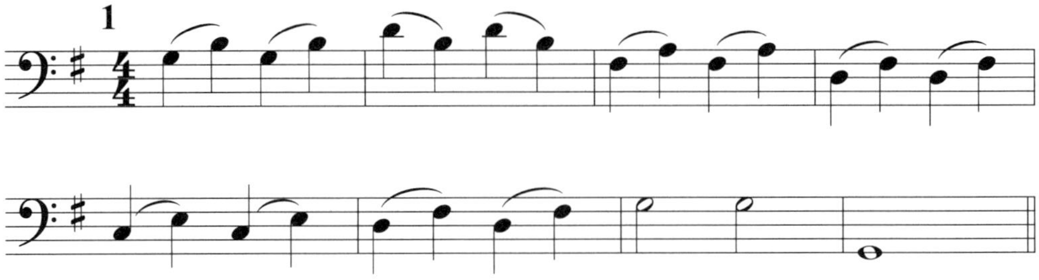

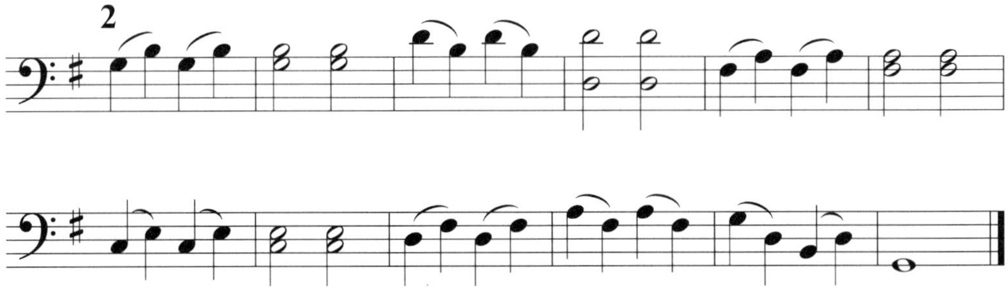

Rockballade

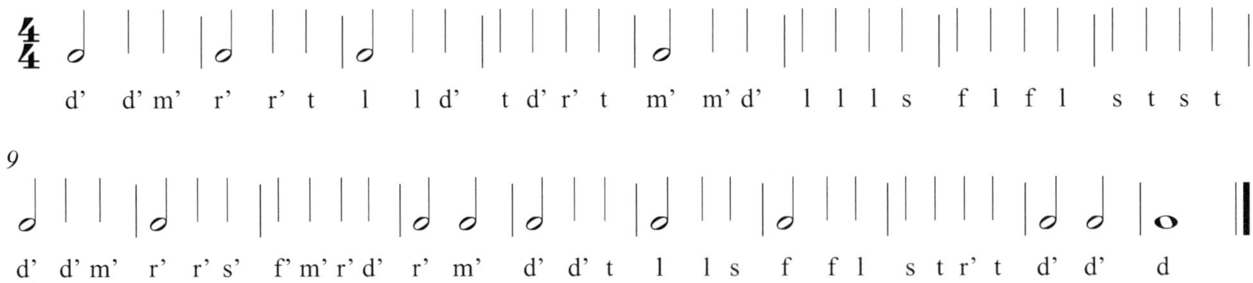

Staccato

Staccato spielen bedeutet, Töne deutlich voneinander zu trennen. Es ist ein gekürzter Strich mit einer Pause zwischen den Strichen. Vom martelé unterscheidet er sich deutlich dadurch, dass der Tonanfang kaum betont wird.

1. Wiederhole die Bewegungsübung 4 (⇨ S. 34).
2. Führe jetzt schnelle Smiley-Striche aus, die durch eine kurze Pause getrennt sind.
3. Spiele détaché- und staccato-Striche im Wechsel.

Indianertanz

M: B./P. Boch © 2008 Schott Music GmbH & Co. KG, Mainz

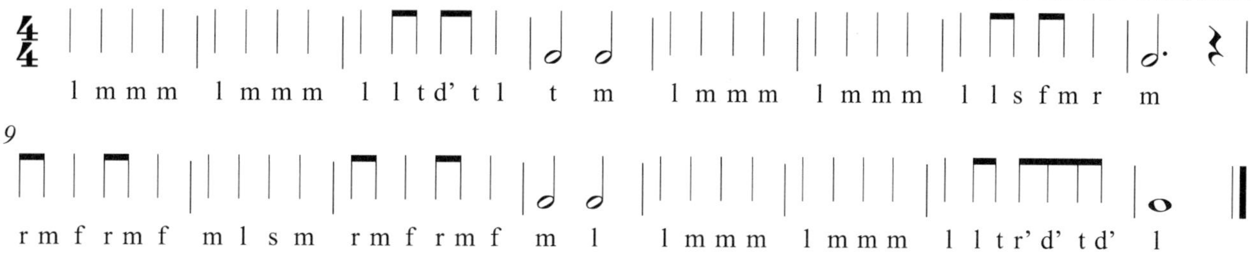

Skip to my lou

M: Amerik. Volksweise

Spiele das Lied sowohl im détaché als auch im staccato.

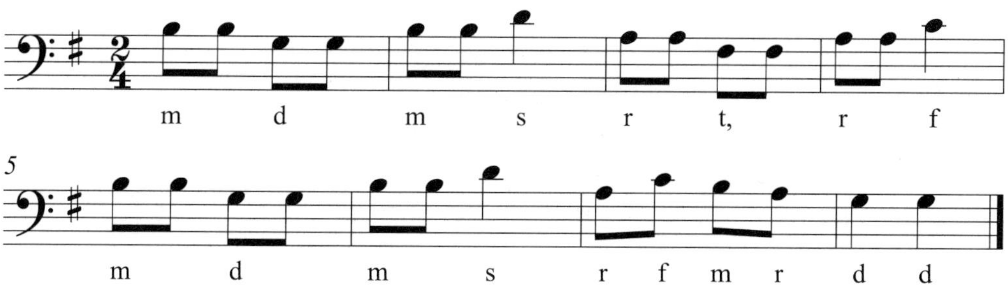

Geschwindigkeit ist keine Hexerei

Wie eine Viertel in zwei Achtel unterteilt wird, wird eine Achtel in zwei Sechszehntel unterteilt, einen Viertel kann also in vier Sechszehntel unterteilt werden. Sprich zum Grundschlag folgende Rhythmen.

1

2

3

4

5

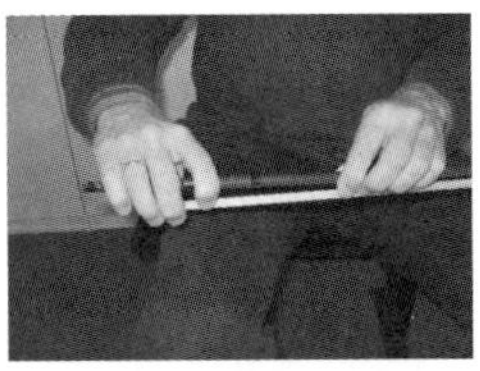

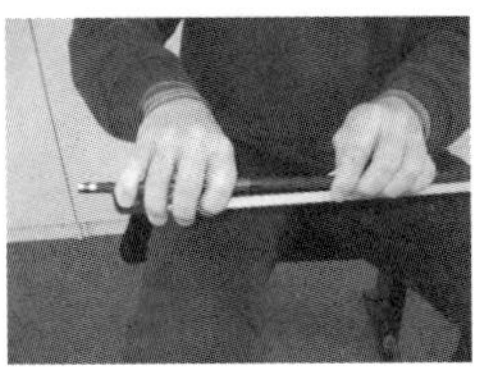

Wenn Du diese schnellen Rhythmen streichen willst, brauchst Du unbedingt einen lockeren Bogengriff. Falls Deine Finger fest sind, wiederhole zunächst die Bogenspiele (⇨ S. 22). Wenn Du beim *Scheibenwischer* den Bogen mit den Haaren nach oben hältst, versuche ihn durch Krümmen und Strecken des Daumens hin und her zu rollen.

1. Halte den Bogen senkrecht mit der Spitze nach oben und versuche, mit Deinen Fingern wie ein Käfer an der Stange herauf und herunter zu laufen.
2. Baue Deine rechte Hand im normalen Bogengriff auf. Mit der linken Hand hältst Du den Bogen am Schwerpunkt fest. Versuche jetzt einen Abstrich gegen den Widerstand der linken Hand zu machen. Wenn Du locker bist, geben die Finger dem Zug des Armes etwas nach.
3. Versuche jetzt genauso eine Aufstrichbewegung. Dabei sollten die Finger der rechten Hand deutlich in eine andere Richtung gezogen werden.

Jetzt spiele „Skip to my lou“ mit den folgenden Rhythmusvariationen.

1

2

What shall we do

Die folgenden Übungen bereiten das nächste Stück vor. Sprich, sing und spiele sie. Erinnere Dich daran, dass kürzere Notenwerte auch kürzere Bogenstriche erfordern.
Welche Notenwerte erkennst Du?

1

2

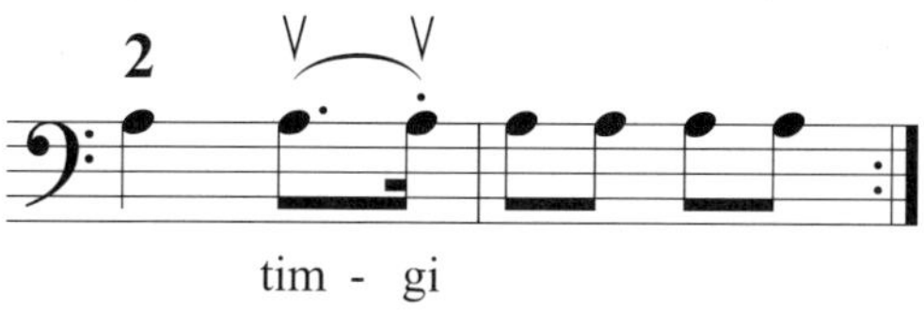

Die ***punktierte Achtel*** dauert so lang, wie eine Achtel plus eine Sechzehntel.

Wir sprechen tim-(gi).

Was sind die Bausteine dieser kleinen melodischen Übungen?

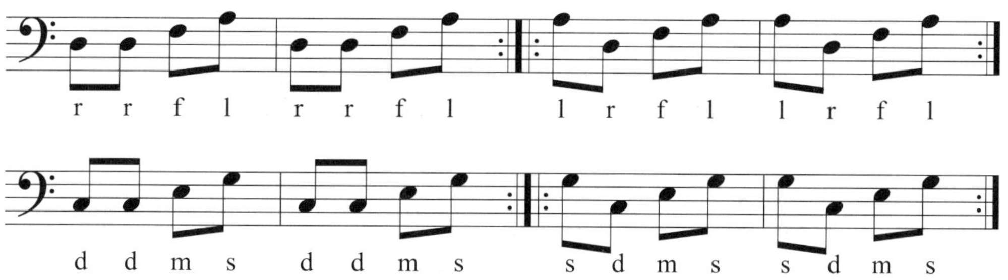

What shall we do with the drunken sailor

M/T: Engl. Volksweise

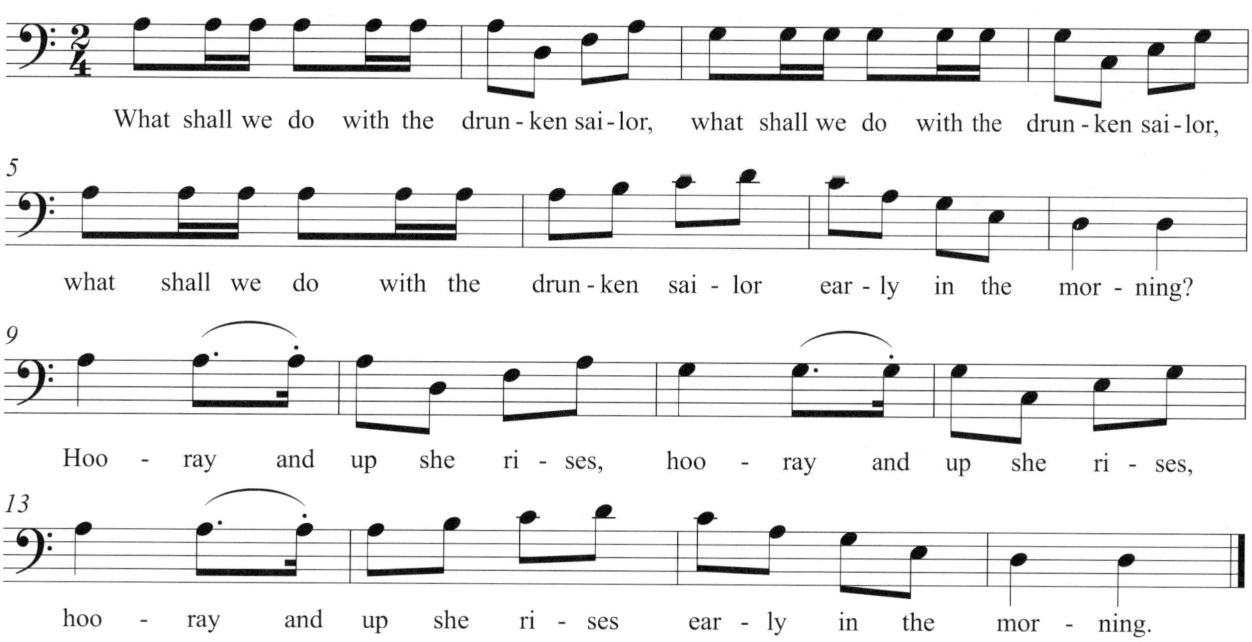

Griff- und Stricharten in Kombination

Übungen zu Fingerfall und Schnelligkeit

Spiele diese Übungen auch mit dem 2. Finger. Damit bereitest Du die Vorübungen zur Hummeljagd vor, die in d-Moll notiert sind. Genauso solltest Du sie auch auf alle anderen Saiten übertragen.

Vorübungen zu Hummeljagd

Diese Vorübungen kannst Du natürlich auch mit dem 3. Finger spielen. Sie klingen dann in D-Dur. Auf der G-Saite klingen sie in g-Moll (2. Finger) bzw. G-Dur (3. Finger) usw.. Besonders gut klingt die Hummeljagd auch, wenn Du die Sechszehntel im spiccato spielst.

Hummeljagd

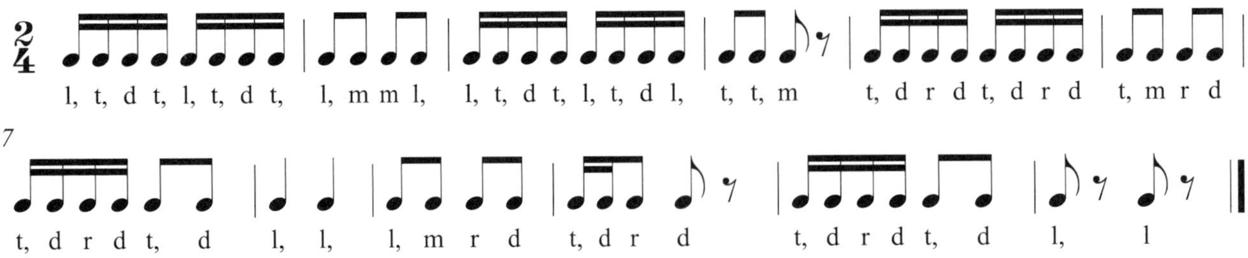

Der Zweihalbetakt – 2/2
Im Zweihalbetakt ist der Grundschlag die Halbe Note. Da dann die Viertelnote nur noch halb so lang ist wie ein Grundschlag spielen wir Stücke im Zweihalbetakt schneller, als das Notenbild zunächst nahelegt. Die Taktfigur des Zweihalbetaktes ist die gleiche wie beim Zweivierteltakt (⇨ S. 53).

Johann Sebastian Bach (1685 – 1750) und Georg Friedrich Händel (1685 – 1759) sind herausragende Barockkomponisten. Sie haben auch viel Musik geschrieben, die rhythmisch sehr prägnant ist und dadurch sehr lebendig wirkt. Das folgende Stück nimmt dies auf.

Spiele die Viertelnoten kurz, die Achtelnoten breit. Die drei Viertel im ersten Takt sollen auf die erste Zählzeit des folgenden Taktes hin zielen. Die zweiten Stimmen der Bässe und Celli imitieren die hohen Stimmen, das heißt, sie setzen einen Takt später mit dem gleichen Motiv ein.
Auch wenn Viertel und Achtel notiert sind, singen und spielen wir in der Art eines 2/4-Taktes mit Achteln und Sechszehnteln.

Barock

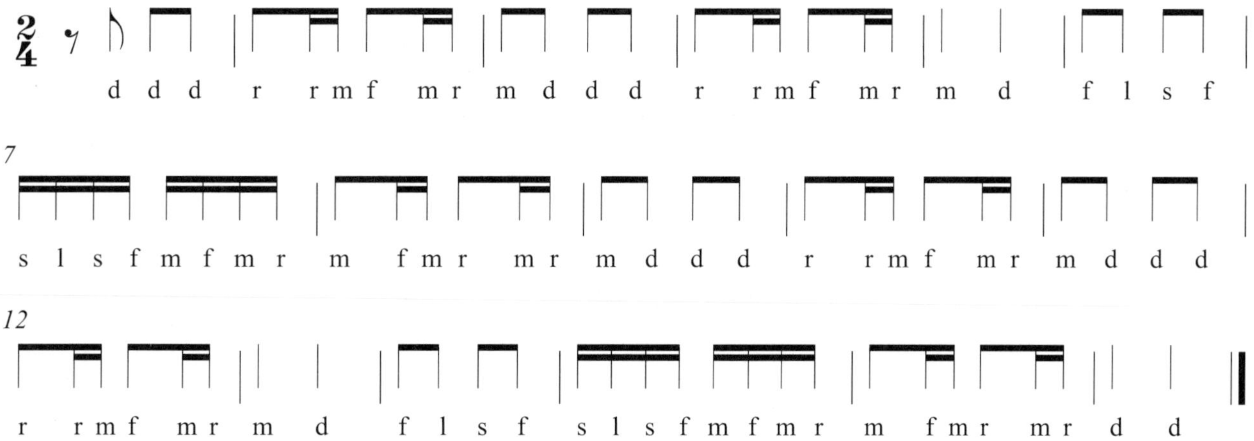

1. Stimme

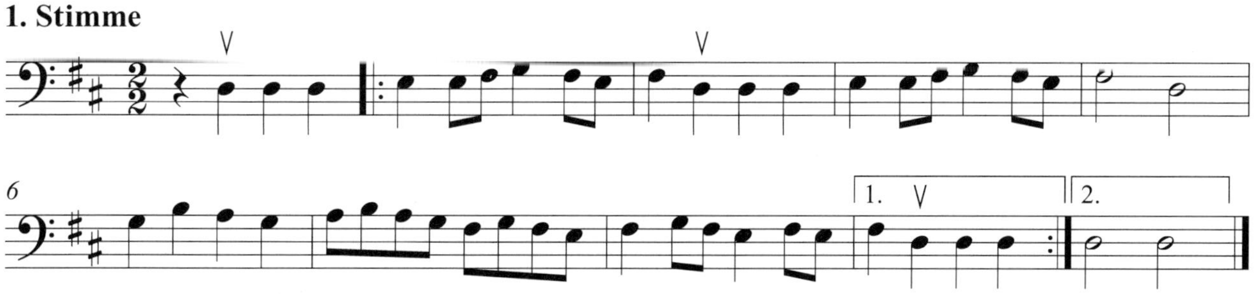

2. Stimme

Punktierte Rhythmen und Synkopen

Wenn eine Viertelnote um den Wert einer Achtelnote verlängert werden soll, schreibt man einen Punkt hinter die Viertelnote. Sie wird zur ***punktierten Viertel***. Der Punkt hinter einer Note verlängert diese also immer um die Hälfte ihres Wertes (⇨ S. 31 punktierte Halbe, ⇨ S. 71 punktierte Achtel).
Sprich folgende Rhythmen zunächst zum Grundschlag und dann zur Taktfigur.

Wenn Du einen punktierten Rhythmus auf dem Cello streichst, entsteht eine ungleiche Bogeneinteilung. Würdest Du den ersten Takt des folgenden Beispieles mehrmals wiederholen, wirst Du schnell an der Spitze des Bogens landen und keine Bogen mehr für den nächsten Abstrich zur Verfügung haben. Wenn du der Achtel genauso viel Bogen gibst wie der dreimal so langen punktierten Viertel, würde sie zu laut werden, weil Du den Bogen schneller bewegen musst. Um zu erreichen, dass die Achtel nicht betonter klingt als die punktierte Viertel, musst Du bei schnellerem Strich Gewicht aus dem Bogen nehmen, den Bogen leichter machen.

Synkopen treten dann auf, wenn sich die Betonung auf eine unbetonte Zählzeit im Takt verschiebt, während die betonte Zählzeit keinen eigenen Ton erhält.
Sprich auch die Rhythmen mit Synkopen (im Rahmen) zunächst zum Grundschlag und dann zur Taktfigur.

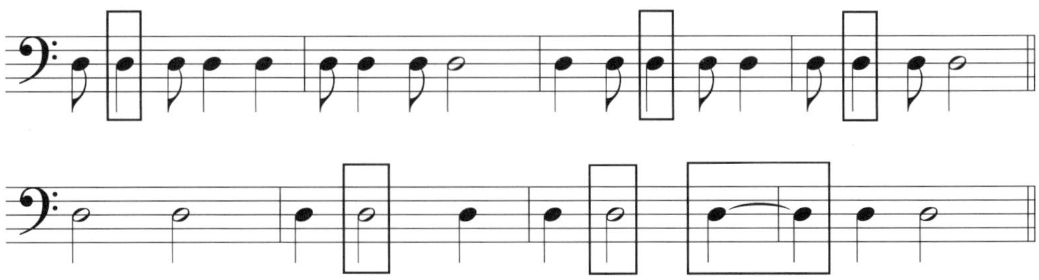

Streiche folgende Rhythmen als Vorbereitung für „Freude, schöner Götterfunken".

Ludwig van Beethoven, einer der drei großen Komponisten der „Wiener Klassik“ neben Wolfgang Amadeus Mozart und Joseph Haydn, lebte und arbeitete ab 1792 bis zu seinem Tod im Jahre 1827 in Wien.
Die Melodie zu Friedrich Schillers „Ode an die Freude“ schrieb Beethoven zwischen 1822 und 1824 für seine 9. Sinfonie in d-moll op. 125. In dieser Sinfonie ergänzte er im Schlusssatz das Orchester durch vier Solostimmen und einen großen Chor.

Freude, schöner Götterfunken

M: L. v. Beethoven
T: Fr. Schiller

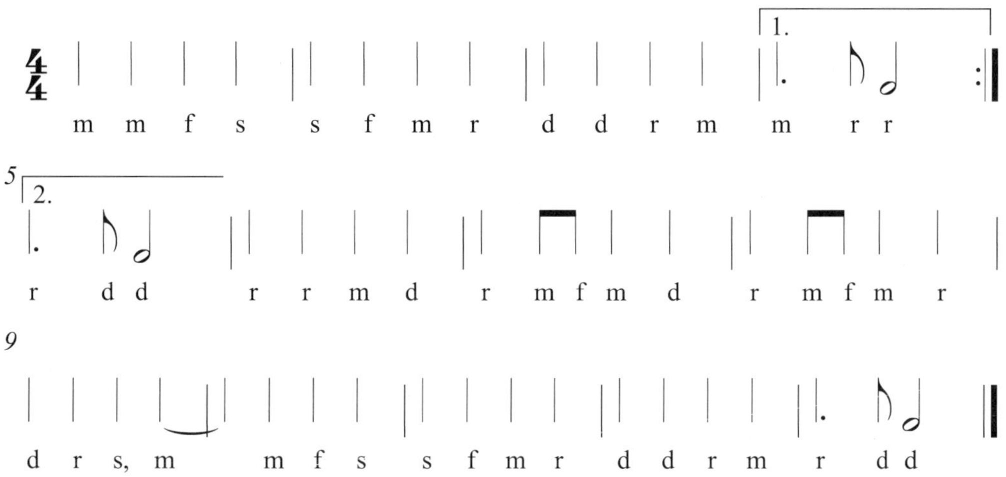

Das folgende „Kyrie“ ist weit über 1000 Jahre alt. Singe es zunächst mit Solmisationssilben, dabei soll der Rhythmus von Deinem Atem bestimmt sein. Der unten notierte Rhythmus ist nur eine ungefähre Orientierung.

				d’																				
					t																			
l	l		l			l		l	l							l								
		s					s			s					s				s					
											f									f		f		
													m	m				m			m			
												r					r						r	r

Diese Melodie endet weder auf do noch auf la sondern auf re, sie ist eine ***dorische*** Melodie und steht damit in einer ***Kirchentonart***.

Kyrie cunctipotens Gregorianischer Choral

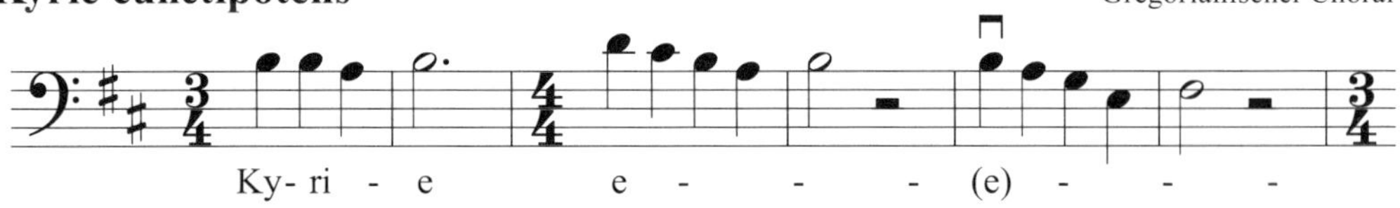

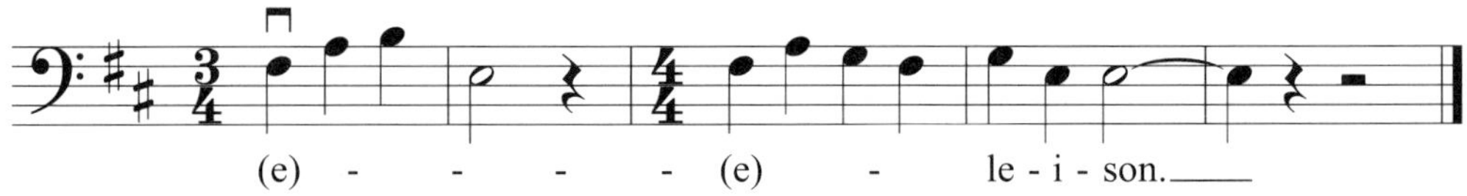

Wenn ihr das „Kyrie“ in der Klasse spielst, wird es in parallelen Quarten, Quinten und Oktaven klingen wie ein mittelalterliches Quint-Quart-Organum, weil Geigen, Celli und Bässe die gleiche Melodie auf unterschiedlichen Saiten spielen.

„Sounds of Strings“ verwendet verschiedene ungewöhnliche Spieltechniken:
col legno battuto: Die Saiten werden mit der Bogenstange leicht angeschlagen. Dazu musst Du den Bogen soweit drehen, dass die Haare die Saiten nicht berühren.
tremolo: Mit sehr wenig Bogen sehr schnell hin- und herstreichen – das gelingt gut in der oberen Bogenhälfte mit einer Bewegung aus dem lockeren Arm heraus, als ob Du Deine Hand hin- und herschüttelst.
glissando: Hier sollen mit einem auf dem Griffbrett aufgesetztem Finger gleitende Auf- und Abwärtsbewegungen auf einer Saite durchgeführt werden, die jeweils einen halben Takt lang dauern.
tappen: Ab Takt 53 wird mit den Fingern neben dem Griffbrett auf die Decke des Instruments geklopft.
slaps: Die Töne (T. 47 – 52) sollen kräftig vom Griffbrett weg gezupft werden, so dass die Saiten mit einem deutlichen Geräusch auf das Griffbrett zurückschlagen.
Generalpause bedeutet, alle Instrumente schweigen gleichzeitig.

In den Takten 11 bis 18 ist Raum für kleine Soloimprovisationen: Ein oder mehrere Solisten zupfen einen Rhythmus, den die ganze Klasse wiederholt, ob die Länge der Soli oder die Saiten, auf denen gespielt wird, vorher abgesprochen werden, müsst ihr selbst entscheiden.

Sound of Strings

M: B./P. Boch © 2008 Schott Music GmbH & Co. KG, Mainz

Neue Griffart, neue Töne

Bis jetzt hast Du den 1. Finger immer einen Ganzton über der leeren Saite aufgesetzt. Im bisher von Dir gespielten Enggriff war zwischen den Fingern immer ein Halbtonabstand. Im Weitgriff werden die Tönen spielbar, die zwischen leerer Saite und 1. Finger liegen.
Setze dazu den 1. Finger zunächst wie bisher auf den unteren Punkt, schiebe ihn dann etwas nach unten Richtung Sattel. Setze ihn dann fast gestreckt auf. Der Ellbogen senkt sich bei diesem Wechsel in den Weitgriff etwas, der 4. Finger krümmt sich etwas stärker.

Baue eine Oktave mit D auf. Schiebe dann den 1. Finger zurück in Richtung Sattel. Achte darauf, dass Du nur den Finger zurückschiebt und nicht die ganze Hand. Wenn Du Deine Hand jetzt anschaust, siehst Du zwischen 1. und 2. Finger sowie zwischen 2. und 4. Finger einen Ganztonabstand.

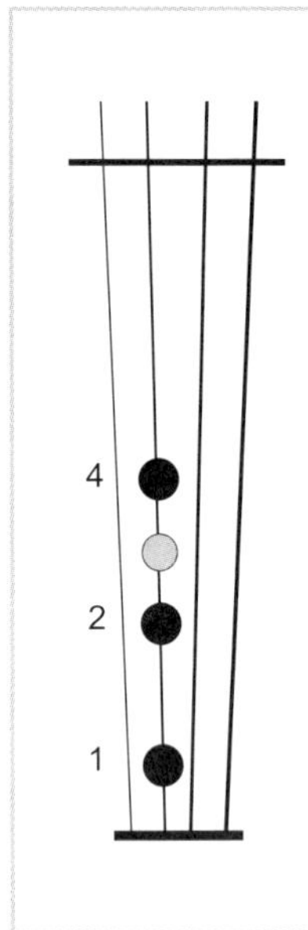

Süße Drops

Auf der C-Saite in Des-Dur

Auf der G-Saite in As-Dur

Die beiden Ganztonschritte (mi re do) in „Süße Drops“ hast Du bisher immer im Enggriff 3 1 0 gespielt. Jetzt kannst Du im Weitgriff das Lied auch mit dem Fingersatz 4 2 1 auf jeder Saite spielen.
Weil der tiefe 1. Finger jetzt immer den Grundton do des Liedes greift, kannst Du „Süße Drops“ jetzt auch in Es-Dur, As-Dur, B-Dur und Des-Dur spielen.
Schreibe nun die „Süßen Drops“ in B-Dur und in Es-Dur auf, bevor du sie auf der A- und der D-Saite spielst.

Auf der A-Saite in B-Dur

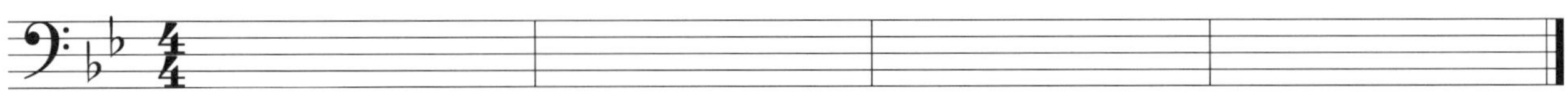

Auf der D-Saite in Es-Dur

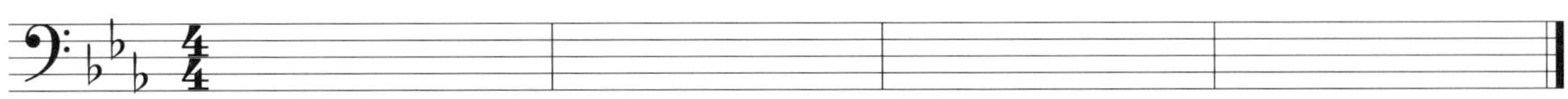

Langsam spielen ist gar nicht so leicht

Wer kann den längsten Ton spielen? Es gelten folgende Regeln: Du hast nur einen Ganzbogenstrich auf der D-Saite zur Verfügung. Der Ton soll gut klingen. Probiere aus, welches Verhältnis zwischen Bogengeschwindigkeit, Strichstelle (nahe am Steg oder dicht am Griffbrett?) und Bogengewicht (Pronation und Armgewicht) das Beste ist.
In der folgenden Übung sollen sowohl die Halben als auch die Ganzen mit dem ganzen Bogen gestrichen werden. Daher musst Du die Ganzen langsamer, näher am Steg und mit mehr Bogengewicht streichen, damit der Ton die ganze Zeit klangvoll und laut bleibt. Entscheidend für das Gelingen dieses Strichs ist, dass Du Ganze Noten von Beginn an langsamer streichst. Umgekehrt musst Du die Viertelnote bei **2** schnell und leicht spielen, damit Du für die nächsten Halben wieder den ganzen Bogen hast.

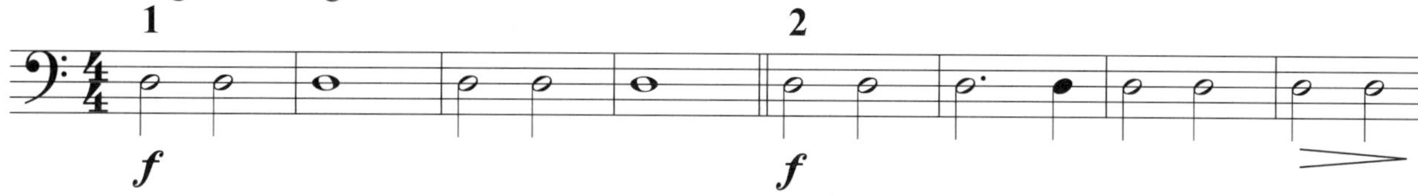

In Übung **3** soll ein langes, gleichmäßiges *crescendo* entstehen. Dazu ist wichtig, dass zwischen den Tönen keine Lücken entstehen. Der Arm führt den Richtungswechsel beim Wechsel von Auf- und Abstrich zuerst durch. Die Finger müssen so flexibel sein, dass sie ihm etwas später nachfolgen (⇨ S. 70).

Das folgende Streichquartett ist das erste Stück, in dem jedes der vier Streichinstrumente eine eigenen Stimme hat, es ist also tatsächlich vierstimmig.
Achte besonders darauf, dass Du mit viel Bogen spielst und passe die Strichgeschwindigkeit den Notenlängen an.
In der klassischen Musik versteht man unter einem Streichquartett die Besetzung mit erster und zweiter Violine, Viola und Violoncello. In dieser von Joseph Haydn maßgeblich geprägten Gattung der Kammermusik führen die Stimmen ein Gespräch miteinander, wie es in diesem Stück z.B. in den Takten 9–12 zu hören ist.

Streichquartett

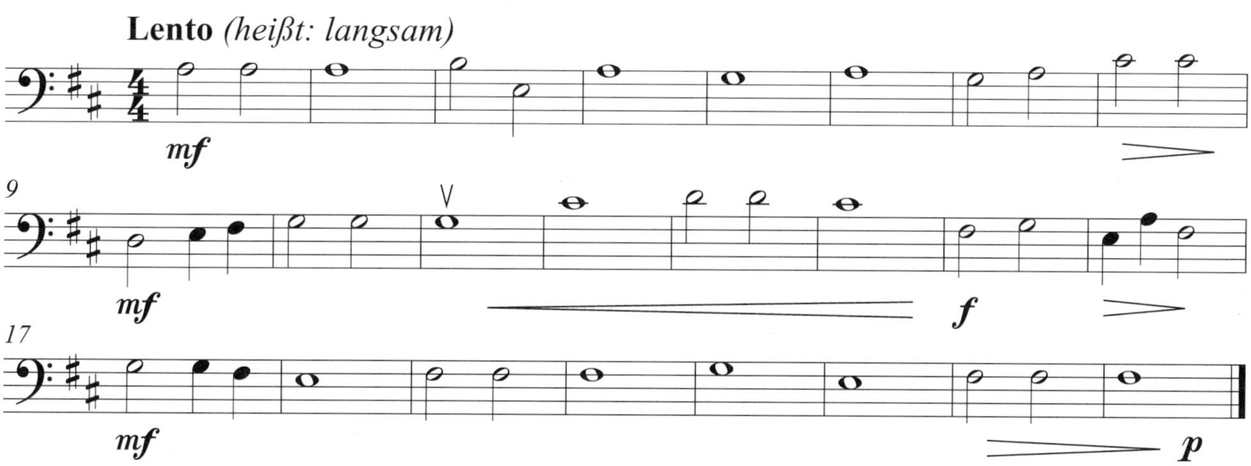

Anhang

Chiara Sch.

Spielstücke

Auf der Bühne	42
Auf der Lauer	57
Barock	73
Bauernmarkt	47
Beguine	23, 47
Bordun	62
Bruder Jakob	15
Can Can	60
Can Can (Thema)	53
Chinesischer Tanz	7, 40
Clownsspaß	48
Der Flötenspieler von Samarkand	24
Der Mond ist aufgegangen	64
Dreiklangsstückchen	59
Elegie	61
Freude, schöner Götterfunken	75
Gerade noch entkommen	57
Gruseltierchen	35
Gute Laune	67
Happy birthday	65
Hejo, spann den Wagen an	52
Hummeljagd	72
Ich hab einen Nachbarn	25
Indianertanz	69
Irischer Tanz	62
Jingle Bells	45
Kyrie	76
Ländlicher Tanz	7
Leersaiten-Boogie	18
Märchenwalzer	66
Mary's Lamm	26f., 44
Menuett mit Oktaven	31
Morgen kommt der Weihnachtsmann	45
Oktaven und mehr	50
Oktavenboogie	41
Oktaven-Olé	23
Open Strings	29
Orientalischer Tanz	7
Pizzataxi	18
Praeludium	19, 41
Rockballade	68
Rundtanz	57
Saure Drops	27
Schattenbilder	43
Sehnsucht nach zu Hause	64
Skip to my lou	69
Sound of Strings	77
Spinnenpech	38
Spuk-Theater	49
Stand ein Birkenbaum	64
Streichquartett	79
Süße Drops	15, 24, 78
Swanee River	34
Tango	37
Tangorhythmus	19
Tanzlied aus dem Mittelalter	7
Terzen am Stück	58
Trommeltanz	48
Ungarischer Kanon	43
Von allen Saiten	19
Vorhang auf	42
Wann und wo	52
Wecker-Rap	13
What shall we do	71
Zogen einst fünf wilde Schwäne	65

Stichworte

Abstrich	30
Achtelnote	10
Aufstrich	30
Bogen (arco)	22, 30, 38f., 46
collé	48
crescendo, decrescendo	59
détaché	30
Dreiklang	58
Durtonleiter	8, 26, 50
Dynamik	28, 59, 61
Fermate	52
flageolett	49
forte (laut)	28
Ganztonschritt	8, 20
Ganze Note, Ganze Pause	12
Griffarten	26, 36, 65, 78
Grundschlag	10
Halbe Note, Halbe Pause	12
Halbtonschritt	8, 20
Harfenpizzicato	17
legato	40ff.
martelé	48
mittlere Position	6
Molltonleiter	8, 26, 54
Notensystem	14
Notenschlüssel	14, 16, 20
Oktave	20, 22
piano (leise)	28
pizzicato	6, 24
portato	63
Pronation	22
punktierte Noten	66, 71, 74
Rhythmus	10
Solmisation	8
Spielposition	17
spiccato	56
staccato	69
Stammtöne	20
Synkope	74
Taktarten (4/4, 3/4, 2/4, 6/8, 2/2)	10, 13, 31, 53, 67, 73
Taktstrich, -zahl	6
Tempo	10
Tempobezeichnungen	29, 60, 61, 72, 79
Terz	58
untere Position	11
Viertelnote, -pause	10, 12
Vorzeichen (♯, ♭, ♮)	15, 32
Wiederholung	24, 36
zurückgeholter Strich	34, 47

Internetadressen: www.schott-music.com

2. Auflage 5 4 3 2 1 | 2011 10 09 08

Alle Drucke dieser Auflage sind unverändert und können im Unterricht nebeneinander benutzt werden. Die letzte Zahl bezeichnet das Jahr des Drucks.

Printed in Germany, BSS 52712
Bestellnummer: ED 20307
ISMN M-001-15042-2

Redaktion & Herstellung: Marlis Mauersberger, Leipzig
Umschlaggestaltung: einzigwahres / Anika Marquardsen
großes Foto: © Getty Images, München • kleines Foto: Birgit und Peter Boch